Line Fuks
Eine Familie zieht in die Wildnis

Line Fuks

Eine Familie zieht in die

Wildnis

Re Di Roma-Verlag

Bibliografische Information der Deutschen Nationalbibliothek:
Die Deutsche Nationalbibliothek verzeichnet diese Publikation in der Deutschen Nationalbibliografie; detaillierte bibliografische Daten sind im Internet über http://dnb.ddb.de abrufbar.

ISBN 978-3-86870-677-2

www.rediroma-verlag.de
12,95 Euro (D)

Migwech / Dankbarkeit

Zuallererst möchte ich mich an dieser Stelle bei meiner Frau und meinen Kindern bedanken, die es gewagt haben, sich auf dieses Abenteuer einzulassen.

Ebenso beim Begründer und Leiter der Wildnisschule und dessen Mitarbeitern, die diesen Kurs organisiert haben und es uns möglich gemacht haben, in der Wildnis zu leben.

Des Weiteren beim Vater meiner Kinder, meinem besten Freund, der uns bei diesem Abenteuer unterstützt hat.

Mein Dank geht auch an alle Clanmitglieder, an denen und mit denen ich lernen durfte.

Dieses Buch wurde möglich durch eine Zusammenarbeit mit meinen beiden Lektoren. Herzlichen Dank für all die Stunden, die ihr über meinen Zeilen gesessen seid. Eine dicke Umarmung an meinen Sohn, der mir mit dem Layout sehr geholfen hat.

Es wird uns ein Leben lang verbinden.

INHALTSVERZEICHNIS

Migwech / Dankbarkeit ____ 5

Vorwort ____ 10

Wie alles begann ____ 14

Vorbereitungsphase ____ 19

Der große Zweifel ____ 25

Abschied und Ankunft ____ 31

Mein Geburtstag ____ 36

Es geht in die Wildnis ____ 38

Der grüne Wal ____ 43

Umstellungsherausforderungen ____ 46

Quarantäne ____ 50

Hygiene ____ 53

Waldtoilette ____ 56

Mondzeit ____ 61

Anpassung der Sprache ____ 64

Essen ____ 67

Teaching Drum ____ 73

Begegnung mit dem Tod ____ 76

Vegetarier und Fleisch(fr)esser ____ 84

Kontrolle ____ 93

Gruppengröße / Guardians ______ 99
Kanu ______ 102
Kinderkultur ______ 106
Ich enthäute ein Rehkitz ______ 117
Die Angst geht um ______ 120
Redekreis wegen und über uns ______ 126
Erziehungsmethoden ______ 130
Etwas zerbricht ______ 141
Die Rainbows am anderen Ufer ______ 146
Die erste Sonne ohne Clan ______ 149
Wir verwildern immer mehr ______ 155
Die Aufgaben der Kinder ______ 159
Die Clankinder bestehlen Camper ______ 162
Harte Nuss ______ 165
Ich genieße die Wildnis ______ 169
Naturgewalten ______ 173
Immer wieder Teaching Drum ______ 175
Und wieder Teaching Drum ______ 178
Kinder gehen über ihre Grenzen ______ 180
Die Schlinge zieht sich zu ______ 182
Einleben und ankommen ______ 188

Manipulation und Druck 192

Wir ziehen ins Lean-to 194

Essensration 197

Die ersten streichen die Segel 200

Opfer Täter Rollen 202

Danke – Bitte – Entschuldigung 205

Traumdeutung 209

Reiscamp 212

Feuer 216

Die nächsten wollen gehen 219

Der Clan kommt zusammen – Umzug in die Sommerlodges 231

Gefühlsachterbahn 242

Wieder in der Zivilisation 246

Epilog 249

Der Blick in den Rückspiegel 252

Vorwort

Wir waren als Großfamilie mit sieben Kindern in der Wildnis Nordamerikas und haben dort für ein halbes Jahr wie in der Steinzeit gelebt. Steinzeitmenschen der Neuzeit beziehungsweise neuzeitliche Steinzeitmenschen?

Ziel für uns war es, einen Jahreszyklus im Einklang mit der Natur zu leben und hierbei wichtige Wildnisfertigkeiten zu erlernen, die uns das Überleben sichern und uns wieder näher an unsere Vorfahren und deren Lebensweise bringen sollten.

Mit nur wenigen Dingen aus der Zivilisation wagten wir den Sprung in die Arme von Mutter Erde. Dazu gehörten ein Zelt, Schlafsack und Decken, diverse Kleidungen aus Naturmaterialien, ein Messer sowie ein Topf und ein Tarp zum Schutz vor Regen.

Wir, das waren zu diesem Zeitpunkt zwei Frauen um die 40 und ihre sieben Kinder im Alter zwischen drei und vierzehn Jahren (zwei dreijährige Jungs, zwei elfjährige Mädchen, zwei dreizehnjährige Mädchen und ein vierzehnjähriger Junge).

Sowohl in der Planungsphase als auch nach diesem Erlebnis waren die Menschen um uns herum fasziniert, irritiert, bestürzt, bewunderten uns oder hielten uns für fahrlässig, so ein Abenteuer mit unseren Kindern zu wagen.

Keiner von ihnen war jedoch in der Lage, wirklich ermessen zu können, was ein Wildnisjahr bedeutet und es konnte sich auch keiner vorstellen, wie das praktisch aussehen würde. Wir selbst ja auch nicht. Für alle diese Menschen und alle, die sich für dieses Abenteuer interessieren, habe ich aufgeschrieben, was wir erlebt haben.

Familienzeit ist eine so kurze und kostbare Zeit. Ich möchte gerne dazu ermutigen, in das eigene Familienabenteuer einzusteigen. Denn auch mit Kindern ist meiner Erfahrung nach fast alles möglich! Ein solches Unternehmen verbindet und schweißt zusammen.

Außerdem ist es mir ein Anliegen, einen Denkanstoß zu geben, was unseren heutigen Fortschritt betrifft. Unser scheinbarer Rückschritt in die Steinzeit kann vielleicht auch als Fortschritt betrachtet werden. Viele überlebenswichtige Fertigkeiten unserer Vorfahren haben wir vergessen und verlernt. Wir kennen kaum noch unseren Ursprung und eine „menschengerechte Haltung" ist uns durch den sogenannten Fortschritt zunehmend fremd geworden.

Die Art und Weise, wie wir leben, „verlebt" die Erde, von der wir abhängig sind, mehr und mehr. Wo also hat uns dieser Fortschritt hingebracht? Vielleicht können uns unsere Vorfahren Antworten geben. Doch dazu müssen wir erst einmal Fragen stellen. Mit genau diesen Fragen im Herzen beschlossen wir als Familie ein Wildnisjahr einzulegen.

Ich bin eine einfache Mutter und gebe meine Erfahrungen in diesem Buch sicherlich alles andere als objektiv weiter. Dazu lebten wir zu lange in einer Grenzsituation mit vielen Emotionen. Ich versuche ungeschminkt und mit einer guten Portion Selbstironie reflektiert zu sein.

Alles Geschriebene ist lediglich (m)eine „Wahrheit".

Ich erhebe keinen Anspruch darauf, die alleinige Wahrheit zu haben.

Alle Namen wurden von mir abgeändert, um die Privatsphäre jedes Einzelnen zu wahren.

Wie alles begann

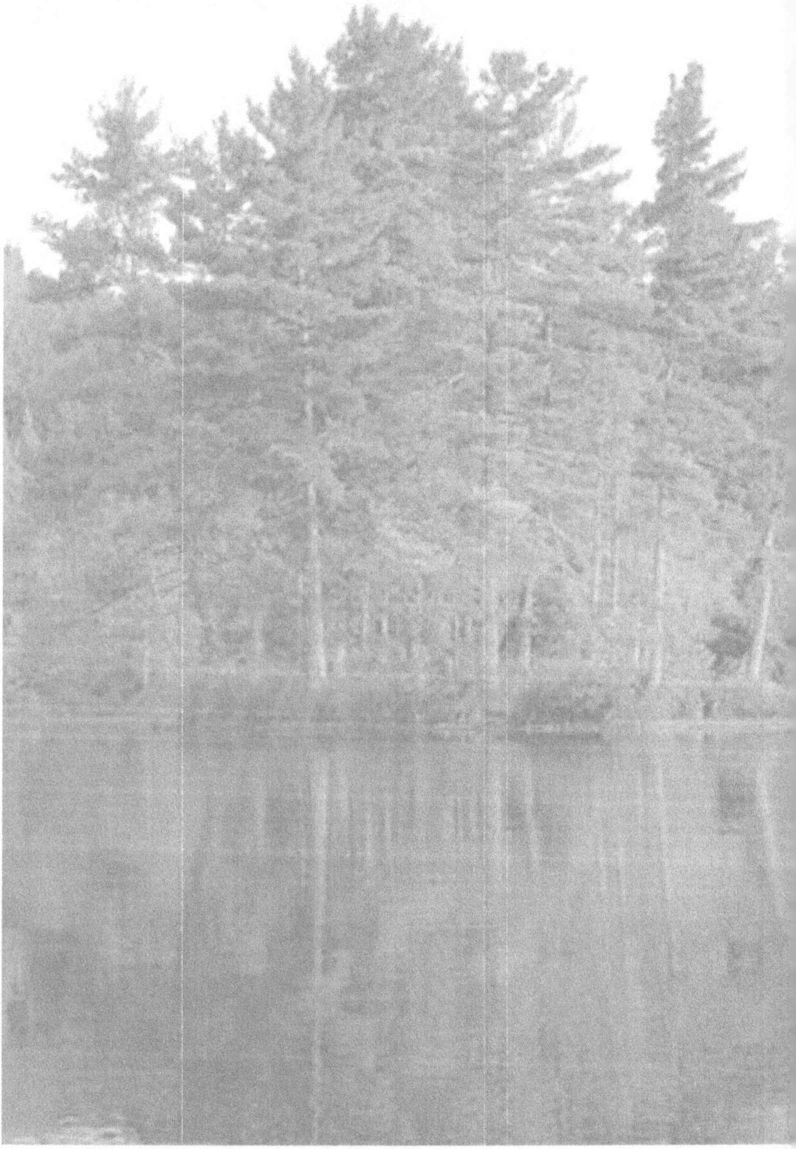

Als junge Mutter hörte ich das erste Mal vom „Waldkindergarten“ und war völlig fasziniert.

Einen großen Teil meiner Kindheit habe ich im Wald verbracht, denn meine Familie lebte in einem kleinen Dorf am Waldrand des „Schönbuchs“. Der Wald und die Natur waren mein Zuhause, meine Zuflucht, meine Trauminsel und mein Spielplatz. Stundenlang streifte ich über Felder, Wiesen und durch Wälder. Ich inhalierte den Duft der Kiefern, trank kühles, leckeres Quellwasser und fing an Seen Frösche, um sie kurze Zeit später wieder in die Freiheit zu entlassen. Die Vögel zwitscherten, wenn ich barfuß über die Felder flitzte und ihr Gesang hörte sich im Frühling anders an als im Herbst. Ich baute unzählige Behausungen und stellte mir vor, darin wirklich zu wohnen.

Bei meinen Streifzügen fühlte ich mich frei und ich hatte niemals Angst, von einer Wildschweinfamilie angegriffen zu werden oder mich zu verlaufen. Ich war Teil des Ganzen. Ich liebte es auf Bäume zu klettern und auf einem Hochsitz machte ich gerne meine Hausaufgaben.

Durch meine Ausbildung als Kinderkrankenschwester rückte das alles in den Hintergrund. Ich lebte in der Stadt, wodurch sich mein Fokus veränderte und ich mir immer weniger Zeit für die Natur nahm.

Mein Sohn war drei Jahre und meine Tochter anderthalb Jahre alt, als ich mich entschloss, für sie einen Waldkindergarten zu gründen.

Ein Jahr später wurde dieser Waldkindergarten eröffnet und ich hatte die Möglichkeit, meine Kinder in den

Wald zu begleiten und mit ihnen gemeinsam einzutauchen in die Magie der Natur.

In dieser Zeit belegte ich mehrere Wildniskurse in verschiedenen Wildnisschulen und hörte dort von einem jungen Mann, der ein Jahr in der Wildnis gelebt hatte. Auf einem Wildnisfestival bekam ich schließlich die Möglichkeit, ihn kennenzulernen. Völlig fasziniert lauschte ich seinen Erzählungen. In mir wuchs ein kleiner Keim der Sehnsucht.

Einen Jahreszyklus in der Natur verbringen! Kann ich das? Schaffe ich das? Ein Jahr lang kein Telefon in die Hand nehmen, nicht mit dem Auto fahren, keine Musik hören und keinen Lichtschalter betätigen? Keine Waschmaschine, die die dreckige Wäsche wäscht und auch keine Zentralheizung, die mich wärmt?

Dies war eine riesen Herausforderung und damals wurde der Wunsch geboren, genau das zu tun!

Ich wusste von der Wildnisschule „Teaching Drum Outdoor School“ in den USA. Diese bietet den weltweit einzigartigen elfmonatigen Wildniskurs, das sogenannte „Yearlong“, bereits seit dreizehn Jahren an. Diese Ausbildung gilt als die intensivste Wildnislehrerausbildung weltweit. In dieser Ausbildung leben Menschen elf Monate durchgehend in der Wildnis und all die Wildnisfertigkeiten werden dort zur Alltagsroutine. Durch das tägliche Praktizieren dieser sogenannten Skills erhält man ein starkes und solides Fundament, um später als Wildnislehrer dieses Wissen adäquat und glaubhaft weiter vermitteln zu können.

Diese Schule organisierte ein Familyyearlong, also ein

Familienwildnisjahr. Wir bewarben uns, erhielten eine Zusage und würden somit in naher Zukunft mit anderen Menschen als Clan in der Wildnis leben können.

Wir lebten kein typisches Leben einer deutschen Durchschnittsfamilie. Vielmehr waren wir Lebenskünstler und Vagabunden. In unserem Wohnmobil bereisten wir ganz Europa oder lebten auf unserem einsam gelegenen Grundstück in Portugal. Im Sommer fuhren wir quer durch Deutschland. Unsere Kinder waren also sehr flexibel und schon einiges gewohnt. Es würde sie nicht alles an diesem Wildnisleben überwältigen.

Zudem glaubte ich, dass die Kinder sich einfacher und schneller an die neuen Umstände gewöhnen würden als wir Erwachsenen. Außerdem war dieses Jahr speziell auf Familien ausgelegt. Wir waren also nicht die Einzigen, die sich mit ihren Kindern in ein Abenteuerjahr wagten.

Unsere Eltern und Großeltern waren wenig begeistert von unserer neuen Idee. Mittlerweile akzeptierten sie zwar, dass wir kein genormtes Leben von der Stange führten. Ein primitives Leben in der Wildnis Nordamerikas, wo es Bären und Wölfe gibt, war für sie jedoch in keiner Weise nachvollziehbar.

Dann war da auch mein Exmann. Wie wird er es aufnehmen? Konnte ich ihm und den Kindern wirklich antun, dass sie sich über einen so langen Zeitraum nicht sehen würden? Wir redeten viel darüber und kamen überein, dass er uns nach fünf Monaten für einige Wochen lang besuchen kommen wird. Auch wenn es eine lange Trennung bedeutete, war uns allen bewusst, dass es für unsere Kinder eine intensive und wichtige Erfahrung werden würde und er unterstützte mich in vollem Umfang darin. Dafür bin ich ihm sehr dankbar.

In mir spürte ich ein undefinierbares „Rufen“, mich in der Wildnis auf dieses Abenteuer einzulassen und vertraute darauf.

Als wir mit den Kindern über unsere Pläne redeten, ein Jahr lang in der Wildnis zu leben, waren die Mädchen sofort begeistert.

Sie waren noch im indianerspielenden Alter und fanden die Vorstellung im Wald zu leben einfach toll.

Natürlich fehlte ihnen der Weitblick, was das alles bedeuten würde und dass alle Dinge immer zwei Seiten haben. Deshalb war die Grundstimmung bei ihnen positiv.

Mein ältester Sohn war vierzehn Jahre alt und hat sich mit der Entscheidung, ob er mit uns kommt oder lieber bei seinem Vater in Deutschland bleibt, sehr schwer getan. Seine Begeisterung im Wald zu leben, hielt sich stark in Grenzen. Dennoch entschloss er sich nach langem Ringen, mit uns zu gehen.

Vorbereitungsphase

Die Vorbereitungsphase für das Familyyearlong beginnt bereits Monate bevor man die Zivilisation verlässt und den Wald betritt.

Wir füllten zunächst einen Fragebogen aus, dessen Fragen uns näher und tiefer an den Punkt bringen sollten, zu verstehen, warum wir diese Erfahrung machen möchten und welche persönlichen Entwicklungsschritte wir gehen wollten.

Zur Vorbereitung gehörten auch Aufmerksamkeitsübungen. Wir sollten unsere alten (Gedanken-) Trampelpfade verlassen.

So liefen wir mit verbundenen Augen durch unsere Wohnung, um den Hör- und Tastsinn zu schulen. Alle Dinge, die wir mit der rechten Hand machten, sollten wir nun mit unserer linken Hand verrichten, um die Routine in unserem Gehirn zu verwirren und Flexibilität zu trainieren. Denn genau das würden wir in der Wildnis brauchen, flexibel zu sein und uns adaptieren zu können. Also öffneten wir die Tür mit der linken anstatt mit der rechten Hand. Machten den ersten Schritt nicht mit dem rechten sondern mit dem linken Bein. Wir hatten eine Menge Spaß mit diesen Übungen.

Der nächste Punkt auf der Vorbereitungsliste war die Nahrungsumstellung. Wir sollten fortan unser Essen nicht mehr salzen und keine industriell hergestellten Dinge wie Nudeln, Kekse etc. essen. Ungesalzenes Essen war ganz schön hart! Wir alle waren uns einig, dass wir diesen Punkt der Vorbereitung nicht einhalten werden, sondern lieber ins kalte Wasser springen, wenn es dann soweit wäre. Wir genossen also all die Köstlichkeiten der Zivilisation bis zum Schluss und betrieben selbst am Abend vor dem Abflug in die USA in einem Restaurant noch Völlerei.

Wir waren nicht die Einzigen aus der Gruppe der Teilnehmer, die so dachten und handelten.

Regelmäßig trafen wir uns auf einer Internetplattform mit all den potentiellen Teilnehmern und tauschten uns dort über all die anstehenden Fragen aus.

Unter den Teilnehmern war sogar eine über 70-jährige Mutter und Großmutter, welche die ersten drei Monate mit uns leben wollte!

Unsere Gruppe sollte sich aus 25 Erwachsenen und siebzehn Kindern zusammensetzen.

Generell war es schon seltsam, das Medium Internet für die Vorbereitung zu benutzen und uns dort „zu treffen". Es fühlte sich ziemlich unnatürlich an, ein solches Abenteuer mit Internetkonferenzen, Chatrooms, Threads und Emails zu gestalten. Schließlich wollten wir zurück in die Steinzeit.

Der zeitaufwändigste Punkt der Vorbereitung war für uns, das Equipment für ein ganzes Jahr für neun Personen zusammenzustellen.

Das letzte halbe Jahr vor dem Wildnisjahr verbrachten wir daher in Deutschland, doch eigentlich wohnen wir im Winter in Portugal. Wir lebten also provisorisch in einem von uns angemieteten Haus und verbrachten sehr viel Zeit am Computer, um all die Kleidung gebraucht und günstig bei einem bekannten Internetauktionshaus zu ersteigern.

Wir wurden von den Teaching Drum Guides angehalten, nur Kleidung in Naturtönen aus Baumwolle und Schurwolle mitzubringen. Also keine Hightech Outdoor Ausrüstung, sondern altbewährte Naturmaterialien, mit denen wir nicht wie bunte Papageien im Wald herumlaufen, sondern uns der Umgebung anpassen und wie die Tiere darin unauffällig eintauchen würden.

Während der Wäscheberg kontinuierlich in die Höhe wuchs, schrumpfte gleichzeitig unser Konto! So viele Klamotten wie damals hatten wir noch nie.

Wir lebten nach dem Motto „simplify your life“ und versuchten mit so wenig Lebensballast wie möglich auszukommen. Der Umstand, dass wir in einem Wohnmobil beziehungsweise einer Jurte lebten, half uns dabei ungemein, denn wir hatten praktischerweise gar nicht so viel Platz, um Dinge sinnlos anzuhäufen.

Es verging kaum ein Tag, an dem der Postmann nicht an unserer Türe klingelte und in unserem Haus sah es teilweise aus wie im Ausnahmezustand.

Vor allem als wir für jedes Familienmitglied einen Haufen Wäsche stapelten und alle Dinge anprobiert werden mussten, herrschte ein heilloses Durcheinander.

Laut Packliste musste jeder vier Wollpullover mitbringen. Nachdem wir an die 25 Wollpullover ersteigert hatten, wurde uns mitgeteilt, dass alle Pullover („PULL-OVER“) Reißverschlüsse haben müssen. Irgendwie war es hier zu einem Missverständnis gekommen. Für Teaching Drum bedeuteten Pullover das, was für uns Jacken bedeuteten. Also mussten wir in alle Wollpullover im Nachhinein Reißverschlüsse nähen lassen. Da half alles diskutieren mit der Wildnisschule nichts. Die Erfahrung von der Outdoorschool zeigte, dass es einfacher ist, im Winter den Reißverschluss einer Pulloverjacke zu öffnen, anstatt ihn ganz auszuziehen und dann mit sich herumtragen zu müssen.

Aufgelistet waren auch zehn Paar Socken für jeden – macht knapp 100 Paar Socken, die sich fast einen Meter hoch türmten. Hinzu kamen all die Mützen, Handschuhe, lange Unterwäsche, Wollhosen…

Uns machte es traurig und auch nachdenklich, wie viel Zeit wir in der Zivilisation verbringen mussten, um in die Wildnis zu gelangen. All die Organisation, die an diesem Vorhaben hing, nahm einen großen Raum in unserem Leben ein. Irgendwie erschien uns das sehr widersinnig und überdimensioniert.

Unsere beiden Jüngsten lernten so eine Welt kennen, vor der wir sie eigentlich noch einige Zeit bewahren wollten.

Ihr bisheriges Leben spielte sich in unserem Paradies in Portugal, einer kleinen Oase, die sich neben einem Flüsschen mitten im Wald befindet, ab. Dort stehen ein kleines Gewächshaus, ein alter Bauwagen, ein Steinhaus und eine Wohnjurte mit Glaskuppel. Hier mussten wir keine Angst haben vor vorbeifahrenden Autos und waren nicht gezwungen, die Jungs aufzufordern leiser zu sein, um keinen Nachbarn zu stören. Sie konnten sich dort den ganzen Tag frei bewegen, um mit Hund und Katzen zu spielen oder im Matsch zu buddeln.

Lohnte es sich all das hintenanzustellen, um ein Jahr in der Wildnis zu leben? War es das wert? Wir waren im Begriff unser Traumleben zu tauschen. Wogegen war uns noch nicht klar.

Auch der finanzielle Aufwand war immens. Um uns überhaupt die Flugtickets in die USA leisten zu können, verkauften wir unser Auto.

Der große Zweifel

Der einzige Zweifel, den wir hatten, war die Ernährungsform. Ein Leben wie in der Steinzeit beinhaltet auch so zu essen, wie die Menschen damals aßen. Wir waren überzeugte Langzeitvegetarier und einige von uns sogar vegane Rohköstler. Keiner von uns konnte sich auch nur ansatzweise vorstellen, gegrillte Frösche, Ameisenlarven oder Rehfleisch zu essen.

Wir würden von der Wildnisschule eine tägliche Grundration an Gemüse, Obst und Nüssen erhalten. Darüber hinaus gab es für die Nichtvegetarier Fleisch, Fisch und Fett.

Im sehr kalten Winter (bis zu -40 Grad Celsius) wäre jedoch eine Kalorienzufuhr von 4000 Kalorien am Tag notwendig. Ob das ohne Fett und Fleisch möglich sein würde? Darüber hatten die Leiter der Teaching Drum Outdoor School Zweifel und auch wir waren nicht sicher, wie wir mit dieser Situation umgehen würden.

Ein Teil in mir wünschte sich im Einklang mit der Natur zu leben und all das, was Mutter Erde für mich bereithält, dankend anzunehmen. Wieder unabhängig zu sein von all dem Zivilisatorischen und den künstlich hergestellten Nahrungsmitteln, die den Begriff Lebensmittel nicht mehr verdienen. In mir war der Wunsch, in das Leben unserer Vorfahren einzutauchen.

Dem gegenüber stand meine und unsere vegetarische Grundeinstellung.

Es war für uns zu abstrakt uns vorzustellen, wie wir bei starkem Hunger reagieren und mit der Situation umgehen würden.

Das „Wilderness Guide Program“, zu dem wir uns angemeldet hatten, forderte jeden Teilnehmer auf verschiedenen Ebenen bis an die äußersten Grenzen heraus.

Ob es die körperlichen Grenzen waren, die neu ausgelotet wurden oder die psychischen und mentalen Grenzen, alles wurde auf den Prüfstand gebracht.

Sämtliche angesammelten Glaubenssätze wurden hinterfragt. Jeder Teilnehmer wurde dazu angehalten, seine Lebenserfahrungen hintenanzustellen, sich leer zu machen und offen zu sein für neue Erfahrungen. Doch ist das überhaupt möglich?

Das Thema Ernährung wurde von uns im Vorfeld immer wieder diskutiert.

Seit zehn Jahren war ich nun überzeugte Vegetarierin. Ich sehnte mich nach der Natur und wollte gern fernab der Zivilisation leben. War das im Widerspruch zum Vegetarismus?

Ein Tier zu töten war und ist für mich undenkbar.

In der heutigen Zeit habe ich den Luxus, vegetarisch leben zu können. Vegetarismus erscheint mir gesünder und es entspricht meiner Sicht von Ethik.

Fleisch ist für mich Teil eines verwesenden Körpers, um das sich Fliegen und Maden kümmern.

Würde sich das alles durch das Familyyearlong verändern?

In einer absoluten Notlage konnte ich mir vorstellen, Fleisch zu essen. Da ich in meinem Leben bereits 40 Tage gefastet hatte (Wasserfasten), ist mir bewusst, wann eine absolute Notlage bei mir beginnt. Vorher

Fleisch zu essen, würde ich mir nicht zugestehen.

Wie würde es den Kindern damit gehen, wenn sie Fleisch essen müssten? Einige von ihnen hatten noch nie in ihrem Leben Fleisch gegessen.

Auch für sie war es viel zu abstrakt, sich vorzustellen, was wäre wenn.

Wir unterhielten uns über Internet mit den anderen Teilnehmern über unsere Zweifel. Wir waren nicht die einzigen Vegetarier, jedoch die Einzigen, die einen solchen Zweifel hegten. Für die anderen schien der Schritt hin zu Wildfleisch nicht so groß.

Während des Jahres würde der Clan mit sogenanntem „Roadkill“ versorgt werden. Das sind Tiere, die auf der Straße überfahren wurden.

Die meisten Clanleute gaben in ihren Augen dem Tod des Tieres dadurch einen Sinn, dass sie es essen und es wäre somit nicht „umsonst“ gestorben. Zudem war es ein freies Tier, was in einem natürlichem Rahmen leben durfte, bevor es starb. Im Gegensatz zu den domestizierten Tieren der Zivilisation, welche meistens keinen natürlichen Lebensraum und keine natürliche Nahrung haben und zusätzlich mit Medikamenten und Hormonen behandelt werden.

Dies waren alles Argumente, die ich so stehen lassen konnte. Ich schaffte es jedoch nicht, sie in mein Leben einzubinden.

In meinen Augen hatte ich in dieser Nahrungskette nichts verloren. Andere Tiere, Fleischfresser oder Insekten, könnten dem Tier einen Sinn geben und es fressen. Dies war meinem Gefühl nach der natürliche

Lebenskreislauf.

Und doch berührte mich eine Aussage von einer Clanfrau:

In ihren Augen isst sie das Reh und nimmt es so in sich auf. Es wird ein Teil von ihr. Irgendwann gibt sie das Gegessene der Natur als Dünger zurück und daraus wachsen Pflanzen, von denen sich wiederum ein Reh ernährt und der Kreislauf geht seinen Lauf.

Stirbt irgendwann sie selbst, wird sie so zu Dünger für den Boden und auch aus ihr erwächst eine Pflanze, von der sich wiederum ein Reh ernähren wird und somit wird sie in das Leben des Rehs aufgenommen. Irgendetwas in mir wurde tief berührt durch diese Aussage.

Etwas anderes beschäftigte mich in diesem Zusammenhang. Welche Verantwortung trage ich für meine Kinder? Jahrelang habe ich ihnen versucht beizubringen, was gesunde Ernährung meinem Verständnis nach bedeutet. Wie in aller Welt sollte ich ihnen erklären, dass dies nun alles nicht mehr zutrifft? Zumindest für wenige Monate eine Ausnahme gemacht werden darf?

Ich versuchte mir vorzustellen, wie sich eines meiner Kinder ein Stück fettes Fleisch in den Mund schiebt und darauf herum kaut. Bei diesem Gedanken fühlte ich mich schlecht. Wie kann ich meine Kinder in solch eine Situation bringen? Was wird nach dem Jahr sein, wenn wir gewohnt sind Fleisch zu essen? Werden sie dann ohne zu zögern bei „McDoof“ und an jeder Dönerbude essen gehen? Warum habe ich ein schlechtes Gewissen?

Es ist, als wenn ich meinen Kindern versuche beizubringen, dass Rauchen ungesund ist. Sie dann jedoch einer Situation aussetze, in der sie rauchen müssen und ich das auch noch in Ordnung finde. Wie kann Rauchen einmal ungesund und dann wiederum in Ordnung sein? Wie sollten sie das verstehen?

Nach all den Gesprächen miteinander wurde mir klar, dass es müßig war, sich darüber weiter den Kopf zu zerbrechen. Dieses Thema war zu abstrakt. Wir mussten es durchleben. Zu diesem Zeitpunkt wussten wir nicht, dass es für den Clan ein größeres Problem sein würde als für uns, dass wir kein Fleisch essen und dass wir unter immensen Druck gestellt werden würden, Fleisch zu essen.

Wäre uns das damals bewusst gewesen, bin ich mir nicht sicher, ob wir tatsächlich am Familyyearlong teilgenommen hätten.

Abschied und Ankunft

Mein Exmann brachte uns zum Flughafen und einige Tränen flossen. Wir würden uns eine lange Weile nicht sehen.

So verschwanden wir im Gate, ein letzter Blick zurück und dann waren wir mitten drin in unserem Abenteuer.

Mit sieben Kindern saßen wir also im Flugzeug auf dem Weg zu einem fremden Kontinent. Einer meiner jüngeren Söhne verschlief fast den gesamten Flug. Der Landeanflug glich einem Rodeo Ritt und wir waren alle froh, wieder festen Boden unter den Füßen zu haben. Direkt am Flughafen hatten wir zwei Hotelzimmer gemietet und checkten mit Sack und Pack dort ein.

Während unsere großen Kinder im Hotelzimmer blieben, gingen meine Partnerin und ich mit den Jungs unsere Leihautos abholen und dann einkaufen. Dies war der einzige Einkauf vor dem Yearlong, den wir in den USA machten, denn danach wurden wir von Teaching Drum versorgt.

Das letzte Mal schliefen wir in den weichen Hotelbetten. Ein letztes Mal hatten wir fließend warmes Wasser und konnten uns unter die Dusche stellen. Ein letztes Mal den Hintern mit Toilettenpapier abwischen.

Alle Tätigkeiten von mir wurden mit den Worten „ein letztes Mal“ begleitet. Ich driftete sehr bewusst in die Natur ab. Nahm Abschied von all dem Gewohnten.

Immer wieder wanderten meine Gedanken auch Richtung Zukunft. Was wird diese Wildniserfahrung mit mir und mit uns machen? Wer werde ich und wer werden wir danach sein? Wie werden meine Partnerin, ich und die Kinder mit all den Veränderungen klarkommen? Welche Veränderungen werden das sein? Wie wird der Weg zurück aus der Natur für uns? Wie wird es sein, wenn wir nach all den Monaten wieder hier in diesem Hotelzimmer sind? Ich schaute mir noch einmal im Spiegel in die Augen, der Spiegel meiner Seele. Was und wer werden mir nach der Wildniserfahrung entgegenblicken?

Immer wieder versuchte ich innerlich vorzutasten und mir vorzustellen, wie es sein wird, im Wald zu schlafen und nun war die letzte Nacht, bevor genau das in Erfüllung gehen würde.

Nach dieser letzten Nacht in der Zivilisation fuhren wir also zur Teaching Drum Outdoor School. Während der Fahrt musste einer meiner jüngeren Söhne spucken.

Wir gaben das Auto an einem kleinen Flughafen in der Nähe der Wildnisschule ab, fuhren den Rest mit einem Großraumtaxi und erreichten am späten Nachmittag glücklich und erschöpft unser Ziel. Dort fielen wir dem Leiter der Wildnisschule und den anderen Guides, die wir bisher lediglich aus dem Internet und von Telefon her kannten, in die Arme.

Trotz unseres Jetlags wurde alles Gepäck von uns im Anschluss erbarmungslos durchgecheckt. Für Singles keine große Herausforderung, doch mit sieben übermüdeten und hungrigen Kindern verlangte es einiges von uns ab. Die Taschendurchsicht dauerte und zog sich ewig in die Länge. Die Kinder wurden immer müder und hungriger. Der eine meiner jüngeren Söhne musste sich wieder erbrechen. Das war alles zu viel und es wäre sinnvoller gewesen, unser Ankommen auf zwei Tage aufzuteilen. Meine Partnerin und ich mussten an mehreren Stellen gleichzeitig sein und gingen auf dem Zahnfleisch.

Meine Partnerin und ich rückten hier mit sieben Kindern an. Für uns eine gewohnte Situation. Doch hatten wir das Gefühl, dass genau dieser Umstand von den Guides massiv unterschätzt wurde. Eine Familie mit neun Personen benötigt mehr Zeit als eine neunköpfige Gruppe Erwachsener.

Wir nahmen nur das Frühling/Sommer Equipment mit ins Waldlager. Alles, was wir für den Winter brauchen werden, wurde im Basislager eingelagert. Also packte ich meine Winterhosen mit dem Gedanken, ob ich wohl in diese Größe im Winter hineinpassen werde, auf die Seite. Ebenso fragte ich mich, als ich meine Kleidung, in der ich angereist war, ablegte, ob ich bei der Abreise für diese zu „klein" sein würde.

Als endlich alles durchgecheckt war, fielen wir völlig erschöpft „ins Bett". Was bedeutete, dass wir alle auf dem Holzboden der Hütte im Basislager schliefen. Es waren noch andere Teilnehmer angekommen, mit denen wir die kleine Hütte teilten. Noch waren wir uns alle fremd.

Am nächsten Tag wurde uns die Bibliothek gezeigt. Dort würden die sogenannten „Seeker" – also wir – die Möglichkeit haben, einmal im Monat eine Nacht und einen Tag zu verbringen. Via Internet oder Telefon konnte man hier also mit Familie und / oder Freunden in Verbindung bleiben.

Generell sollte dieses Jahr jedoch eine Auszeit werden und die Kontakte in die Zivilisation auf ein Minimum reduziert sein. Nur so hatte man die Möglichkeit, eine tiefergehende Erfahrung zu machen.

In der Bibliothek stehen unglaublich viele Bücher und meine Partnerin und ich wussten, dass wir dieses Angebot nicht wahrnehmen werden. Wir freuten uns auf die Wildnis und waren froh, der Zivilisation zu entkommen. Das einzige Kommunikationsmittel, das wir nutzen wollten, war der Klassiker „Brief“.

Wie wir das mit drei unserer Kinder machen würden, wussten wir noch nicht. Denn sie würden sicherlich das Bedürfnis haben, mit ihrem Vater in Deutschland sprechen zu wollen.

Bevor wir in den Wald zogen, wurde noch ein Foto von uns gemacht. Ein Filmemacher begleitete uns auf unserem Weg in die Wildnis. Er wird einmal im Monat für ein paar Tage zu uns kommen, um eine Art Dokumentation darüber zu drehen.

Er hatte bereits einen Film gedreht, der hier in Deutschland bekannt ist. Eine Geschichte über einen autistischen Jungen, der mit seinem Vater durch die Mongolei reitet, wurde von ihm gedreht.

Da standen wir also gemeinsam mit einer anderen Clanfrau, einer alleinerziehenden Mutter mit ihren drei Söhnen und anderen Single Clanmitgliedern. Unsere Blicke voller Neugier und Zuversicht und bereit in die Wildnis einzutauchen.

Mein Geburtstag

Heute ist mein Geburtstag und wir wandern los in die Wildnis. Welches schönere Geburtstagsgeschenk kann ich mir machen?

Jedoch werden hier gar keine Geburtstage gefeiert. Damals in der Urzeit gab es keinen Kalender und die Menschen konnten Jahrestage somit nicht feiern. Vielmehr wurden Dinge gefeiert, die einen unmittelbaren und direkten Zusammenhang mit dem aktuellen Leben hatten. Es wurde also das erste erlegte Tier gefeiert, der erste verlorene Zahn und andere Dinge, die im Verlauf des Lebens prägnante Bedeutung hatten.

Damit kann ich mich gut identifizieren. Wir als Familie feiern seit geraumer Zeit kein Weihnachten mehr und lehnen generell die christlichen Feste ab. Wir sind keine Christen und daher erscheinen uns diese vorgegebenen Feste als sinnentleert. Für uns ist es nicht möglich die Geburt Jesu zu feiern, da wir mit ihm nichts zu tun haben. Zudem müsste er ja eigentlich zu seinem Geburtstag von uns Geschenke bekommen und daher verstehen wir nicht, warum sich die Menschen untereinander beschenken. Der einzige Sinn, den wir darin erkennen können, ist die Ankurbelung der Wirtschaft. Daran haben wir als Konsumverweigerer kein Interesse. Das war nicht immer einfach bei den Großeltern durchzusetzen. Mit der Zeit ist es uns jedoch gelungen.

Ein Jahr lang also keine typischen christlich geprägten Feste feiern zu müssen, empfinde ich als sehr angenehm.

Es geht in die Wildnis

Unsere Sachen sind also gepackt und es kann losgehen. Vor uns stehen zwei junge Männer, die uns ins Waldcamp geleiten werden. Diese zwei Clanmänner waren bereits vor einigen Tagen angereist und lebten im Waldlager, um dort alles für die anderen Clanmitglieder vorzubereiten. Da sie vor einigen Jahren das Yearlong schon einmal absolviert haben und somit zu den alten Hasen gehören, werden sie den Guide von der Wildnisschule, der während der gesamten Zeit mit uns im Camp wohnen wird, unterstützen. Beide sind den langen Weg hier heraus gelaufen, um uns bei der Wanderung in unser neues Zuhause zu begleiten.

Bei Sonnenschein laufen wir abseits aller Straßen und Wege quer durch den Wald, durch Moore und über Berge. Es ist anstrengend. Einer der Clanmänner hat selbst ein dreijähriges Kind und umsichtiger Weise einen Tragegurt mitgebracht, in dem wir nun einen unserer Jungs tragen dürfen. Der Tragegurt ist von ihm mit viel Liebe aus einer Rehhaut selbst genäht worden. Diese hat er zuvor selbst abgezogen und gegerbt. Ein echtes Unikat.

Aus einem Pullover improvisieren meine Partnerin und ich einen zweiten Tragegurt. Stundenlang zieht sich der Weg zu unserem Lager, zu unserem Clan.

Um einen klaren Schnitt zu machen, fasten wir an diesem Tag. Wir trinken lediglich über einen Filter Wasser aus Flüssen und Seen, an denen wir vorbeikommen. Auch alle Mädchen fasten mit uns und die Jungs von der anderen Clanfrau. Mein ältester Heranwachsender will nicht mitfasten und auch die beiden Dreijährigen beteiligen sich nicht daran.

Die Schuhe werden nass und der Rücken schmerzt. Unsere älteren Kinder helfen uns beim Tragen der Jungen. Immer wieder nehmen sie sie huckepack, damit wir uns kurz ausruhen können.

Zwei junge Männer sind mit uns in der Gruppe und bieten ihre Hilfe an. Doch da sie fremd sind und noch dazu eine ihnen unbekannte Sprache sprechen, wollen beide Buben nicht auf ihren Rücken klettern und so bleibt es an uns als Familie sie zu tragen, was ein schönes Gefühl ist. Zusammenzuhalten und uns gegenseitig zu unterstützen. Jeder ist wichtig und kann etwas zum Gemeinwohl beitragen.

Mein jüngster Sohn sitzt auf meinem Rücken und ist weinerlich. Ihn stressen die vielen Äste, die ihn immer wieder unerwartet am Körper treffen. Er hat Angst in dieser Enge der niedrigen Bäume, Büsche und dem dichten Unterholz, durch das wir laufen. Allgemein tut er sich schwerer mit Veränderungen als sein wenige Wochen älterer Bruder, den nichts so leicht verunsichern kann. Dieser schläft solche Sequenzen einfach weg. Wie bereits beim Flug so auch jetzt. Er schläft selig auf dem Rücken meiner Partnerin und lässt sich von ihr voller Vertrauen über jedwedes Hindernis tragen.

Die Summe der Ereignisse der letzten Tage war einfach zu viel und scheint unseren jüngsten Sohn zu überfordern. Uns bleibt nichts anderes übrig, als weiterzugehen und die einzige Sicherheit und Kontinuität, die wir ihm geben können, ist unser Rücken, der leider nicht immer breit genug ist für all die Äste, die ihm dann entgegen schnippen.

Der Filmemacher begleitet mit seiner Kamera die ganze Zeit über unsere Wanderung in die Wildnis. Mit jedem Schritt gehen wir tiefer in sie hinein und weiter weg von unserem bisherigen Leben. Jeder Schritt bringt mich auch tiefer in meine innere Wildnis und lässt die Zivilisation mehr und mehr zurück.

Unsere Kleidung ist so sauber, wie sie die nächsten Monate nie wieder sein wird, denn wir werden verwildern. Das sind meine Gedanken, während ich einen Fuß vor den anderen setze. Mit jedem Schritt fällt der Druck der letzten Wochen mehr und mehr von mir ab und ich atme die Waldluft ein. Wieder gehen meine Wünsche und Hoffnungen für dieses Jahr durch meinen Kopf. Ich bin in gespannter Haltung. So viele neue Eindrücke strömen auf mich ein. Tiefe Dankbarkeit erfüllt mich darüber, hier auf dem Weg zu sein. Verwildern – was genau bedeutet das für mich? Es ist ein Fortschritt dieses verwildern, kein Rückschritt. Ich freue mich darauf.

Endlich, nach stundenlanger Wanderung, erreichen wir unser Ziel. Völlig unreal erscheint es mir „angekommen zu sein". Wie lange haben wir daraufhin gefiebert und uns vorbereitet. Und nun sind wir da?

Erschöpft betreten wir die Feuerstelle und einige Mitglieder unseres Clans sind bereits da. Helfende Hände, die unser Gepäck abnehmen und die uns abgekochtes Wasser reichen. Ich bin tief berührt.

Es wird bereits dunkel und ist daher zu spät, um das Zelt aufzubauen. Daher beschließen wir, unter dem großen Tarp zu schlafen. Unter diesem Tarp sind drei Feuerstellen, an denen wir unser Essen kochen werden.

Dort ist alles mit Tannenzweigen ausgelegt, die herrlich weich sind und wunderbar duften.

Dies wird also unsere erste Nacht in der Wildnis sein. Wie oft lag ich im Bett und habe mir genau diese Situation versucht vorzustellen? Sie übertrifft jede Vorstellungskraft. Das Feuer knistert, die Tannennadeln verzaubern mich mit ihrem Duft und in der Ferne höre ich Kojoten – oder sind es Wölfe? Wir haben es tatsächlich geschafft! Wir sind tatsächlich hier – in der Wildnis! Überwältigt und mit Tränen des Glücks schlafe ich ein, während es sanft anfängt zu regnen. Am nächsten Morgen wachen wir mit teilweise nassen Schlafsäcken auf und frieren.

Der grüne Wal

Wir bereiten den Platz für unser Zelt vor. Dicke Äste und große Steine werden so gut es geht entfernt. Alle unsere Kinder helfen mit und durch die vielen Hände haben wir es schnell geschafft.

Dann wird unser für neun Personen ausgelegtes Zelt aufgestellt, welches von uns den Namen „grüner Wal" erhält, denn es sieht aus wie ein großer, dicker, grüner Wal, der uns abends immer alle verschluckt, um uns dann morgens wieder auszuspucken.

Unsere beiden jüngsten Söhne quengeln, dass sie nachhause wollen. Wir hoffen, dass dieser Wal und der Wald, der uns umgibt, ihr neues Zuhause werden und sie sich mit den neuen Nachbarn, den Tieren, anfreunden werden.

Während wir unser Leben hier einrichten, gehen meine Gedanken auf Streifzug in die Ferne und versuchen die Zukunft zu schmecken. Wie wird es sein, wenn wir hier wieder gehen? Es wird ein Zuhause auf Zeit sein, Freundschaften auf Zeit. Ich spüre Wehmut in meinem Herzen. Schnell schüttle ich diese Gedanken ab und versuche im Hier und Jetzt zu sein. Sooft bin ich entweder in der Zukunft oder in der Vergangenheit.

Die Kinder sammeln einen Berg voller Tannenzweige, mit denen wir unseren Zeltboden auspolstern. Zum Schluss rollen wir unsere Schlafsäcke aus. Es ist sehr gemütlich.

Überall im Camp ist emsiges Treiben. Alle sind damit beschäftigt, ihre Zelte aufzubauen.

Am Abend trudelt die letzte Gruppe der Teilnehmer müde und abgeschlagen in ihr neues Zuhause. Auch die Seniorin und Älteste kommt mit dieser Gruppe an. Sie ist trotz ihrem stolzen Alter den gesamten Weg querfeldein gelaufen. Voller Achtung und Respekt reiche ich ihr einen Becher mit abgekochtem Wasser, den sie dankbar annimmt.

Nun also ist unsere Gruppe komplett! 42 Menschen bilden den Clan. Menschen aus verschiedenen Ländern wild zusammengewürfelt vom Schicksal. Schweden, Deutschland, Österreich und Amerika. Wir also sollten mit der Zeit zu einem Clan wachsen.

Es wird nur in Englisch miteinander gesprochen. Wir sind gespannt, wie die Kinder mit dieser neuen Sprache umgehen werden. Meine Partnerin und ich unterhalten uns häufig in Englisch, vor allem, wenn es sich um etwas handelt, was nicht in die Kinderohren gehört. Da sie von Haus aus neugierig sind, haben sie dadurch viel gelernt und können schon recht gut Englisch.

Zudem waren wir ja viel mit dem Wohnmobil unterwegs. Und auch in Frankreich, Spanien oder Portugal hörten sie häufig Englisch und haben hier nur wenige Berührungsängste. Die beiden kleinen Jungs können noch kein Englisch und wir freuen uns, dass sie auf diesem einfachen und natürlichen Weg eine Fremdsprache lernen können.

Umstellungsherausforderungen

Es ist in der Nacht sehr kalt und ich lege einen Stein in die heiße Glut, den ich später mit in den Schlafsack nehmen werde - meine Wildniswärmflasche.

Eine meiner jüngeren Töchter tut es mir gleich. An einem Abend transportiert sie den heißen, glühenden Stein in einer Holzschale, die sie dann draußen vor dem Zelt stehen lässt. Nach einigen Minuten wundern wir uns, warum es vor dem Zelt so hell ist und nach Feuer riecht. Als wir hinausschauen brennt die Schale von ihr! Der Stein muss derart heiß gewesen sein, dass er das Holz zum Glimmen gebracht hat und sich die Schale kurze Zeit später entzündet hat. Also Vorsicht! Denn auch der Schlafsack kann durch einen glühenden Stein Feuer fangen und natürlich kann man sich schwere Verbrennungen an den Füßen zuziehen.

Auch am Tag wird es nicht richtig warm und der einzige Ort, sich zumindest von einer Seite zu wärmen, ist das Feuer. Natürlich wird uns auch warm, wenn wir uns bewegen. Also nutzen wir unser Frieren, um Feuerholz zu sammeln und kurbeln so unser inneres Feuer an.

In einer der ersten Nächte bekommt einer meiner beiden jüngeren Söhne einen Alptraum. Wir schlafen alle, als er plötzlich anfängt zu schreien wie nie zuvor. Er träumt von einem Krokodil und ist derart verstört, dass er durch nichts zu besänftigen ist. Schließlich erbricht er sich. Wir sind auf so etwas nicht vorbereitet und es gibt hier keinen Lichtschalter, den wir einfach kurz anmachen können, um zu reagieren und auf die Schnelle finden wir unsere Kerze nicht. Unser Guide kommt schließlich mit einer Kerze und Streichhölzern zu uns. Im Schein der Kerze putzen wir notdürftig das Erbrochene weg und mein Sohn beruhigt sich, nachdem ich ihm versichere, dass das Krokodil nun draußen ist und schläft mit einem tiefen Schluchzer wieder ein.

Ich liege nach diesem Aufruhr wach im Bauch unseres grünen Wals und höre in der näheren Umgebung wieder unsere neuen Nachbarn heulen. Die Kojoten zaubern mir damit ein Lächeln auf meine Lippen und in mein Herz.

Ab dieser Nacht haben wir immer Streichhölzer und Kerze griffbereit, jedoch nie mehr einen solchen Notfall.

Am nächsten Morgen hole ich all die verspuckten Sachen aus dem Zelt, um sie zu waschen. Dabei entdecke ich im Wollschlafsack von meinem Sohn eine Nadel. Sie muss ihn in der Nacht, als er sich im Schlaf gedreht hat, gepiekt haben und deswegen dachte er, dass ihn ein Krokodil beißt. Ich entferne also dieses fiese, gemeine Krokodil und bin beruhigt, den Grund seiner plötzlichen nächtlichen Panikattacke gefunden zu haben.

Wir lagern direkt an einem wunderschönen See und ich bringe die verschmutzte Wäsche in unsere neue Waschmaschine. Sie ist riesengroß und nimmt mir fast alle Arbeit ab. Denn die Wäsche wird einfach ins flache Wasser gelegt, mit Steinen beschwert und mehrere Tage eingeweicht. Fische werden sich über die Essensreste des Erbrochenen freuen und ich kann dann die Wäsche zum Trocknen am nächsten oder übernächsten Tag herausholen. Man sollte die Wäsche allerdings nicht solange darin liegen lassen, bis sich Algen ansammeln. Und will man alle Wäsche wieder finden, ist es sehr wichtig, an den Stein zu denken. Ansonsten wird das Kleidungsstück auf nimmer Wiedersehen wegespült.

Manchmal wasche ich die Wäsche mit Orangenschale oder nehme Tannennadeln, die ich zerreibe. Das gibt einen angenehmen Duft.

Generell wird der See unser Dreh- und Angelpunkt für viele Sachen und es gibt dort verschiedene Stellen, wo wir bestimmte Dinge machen können.

So gibt es Bereiche fürs Wäsche waschen, Körperhygiene, schwimmen und toben, abspülen und Wasser schöpfen.

Wir gehen also mehrfach täglich mit unseren Schüsseln und Töpfen zum See und waschen sie, indem wir sie mit Sand oder Kiefernnadeln schrubben, mit Wasser ausspülen und sie dann zum Trocknen in die Äste stellen.

Um zu dieser Stelle am See zu gelangen, müssen wird durch das Moor gehen. Um nicht dauernd nasse Füße zu bekommen und den Boden zu schonen, bauen wir eine Art Brücke, auf der wir dann entlang balancieren. Baumstämme werden entrindet und einfach in einer langen Reihe jeweils zwei nebeneinander gelegt. Fertig ist die Brücke.

Wir genießen dieses einfach Leben und haben keine Umstellungsprobleme, was die Komfortzone angeht. Wir vermissen nichts aus der Zivilisation, nicht einmal Salz. Ich persönlich bin einfach nur dankbar und glücklich hier zu sein.

Quarantäne

In den ersten Tagen bekommen unsere Kinder alle eine Rotznase und leicht erhöhte Temperatur. Wir werden daher unter Quarantäne gestellt, um nicht alle anderen anzustecken.

Eine Clanfrau hat extra für das Familyyearlong einen Erste-Hilfe-Kurs absolviert und ist die Gesundheitsbeauftragte des Clans. Sie möchte, dass wir den Kindern Fieber messen. Meine Partnerin und ich sind Kinderkrankenschwestern und zuhause besitzen wir weder ein Thermometer noch Pflaster. Unsere Kinder sind fast nie krank und wenn sie Fieber haben, lassen wir sie fiebern. Wir vertrauen dem Körper, dass er genau das richtige macht und mit den Erregern klar kommt. Wir besprechen uns mit der Clanfrau und teilen ihr mit, dass wir in der Zivilisation kein Fieberthermometer benutzen und das dann auch hier nicht in der Steinzeit einführen werden.

Zeitgleich werden neun Leute vom Clan in das etwas weiter entfernte Wintercamp in Quarantäne gesteckt. Sie hatten alle zu einem Kind Kontakt, welches an Keuchhusten erkrankt ist. Es besteht die Gefahr, dass sie sich angesteckt haben. Das Gesundheitsamt ist eingeschaltet und es geht das Gerücht um, dass das gesamte Programm beendet wird, wenn sich der Keuchhusten bestätigt.

Schließlich wird entschieden, dass alle, die in Verdacht stehen sich angesteckt zu haben, Antibiotika nehmen müssen. Eine Clanfrau aus Deutschland ist außer sich. Ihr neunjähriger Sohn hatte bereits Keuchhusten. Damals hat er es ohne Medikamente problemlos überstanden. Nun soll er ohne die Bestätigung, dass er sich angesteckt hat, Antibiotika nehmen. Sie wehrt sich dagegen. Doch ihr bleibt nichts anderes übrig, als sich zu fügen.

Ich kann gut mit ihr fühlen und es tut mir sehr leid für sie. Für mich ist das unverständlich. Wir sollen ein Leben in der Steinzeit nachempfinden und greifen dann doch zu Medikamenten der Neuzeit?

Hygiene

In dieser Phase reden wir viel über Hygiene und es wird ein Hygieneplan aufgestellt. Damit versuchen wir, Erkrankungen möglichst aus unserer Gruppe fernzuhalten beziehungsweise einzudämmen.Eine Krankheit, die den gesamten Clan mit Fieber flach legt, ist vor allem im Winter eine große Gefahr. Daher wird immer wieder darüber gesprochen, wann und wie man seine Hände waschen soll, wie man das Essen zubereitet und wie man sich aus den Gemeinschaftstöpfen bedient.

Steht einer unter Quarantäne bedeutet das, dass er keinen Körperkontakt mehr zu den anderen Clanmitgliedern haben soll und alle Dinge von gesunden Clanmitgliedern gereicht bekommt. Er sitzt nach wie vor mit im Kreis, zwar etwas abseits, um den Clan zu schützen, dennoch ist er dabei. Weitere hygienische Maßnahmen sind häufiges Händewaschen und die Desinfektion der Hände mit Tannennadeln.

Später, als alle wieder aus der Quarantäne entlassen sind und sich der Keuchhusten nicht bestätigt hat, gehen Würmer im Clan um. Lange Zeit werden wir derer einfach nicht Herr und immer mehr Clanmitglieder haben diese „netten" Untermieter. Der Wurm ist im Clan. Alle Hygienevorschriften nutzten leider nichts. Irgendwann wird schließlich eine Wurmtherapie durchgeführt, an der alle teilnehmen müssen. Wir treten auch hier einmal mehr aus der Steinzeit heraus, in dem wir die moderne Medizin nutzen, um ein Problem schnellstmöglich zu lösen, mit Erfolg. Nach mehreren Gaben des Antiparasitikums sind wir sie endlich los. Ob wir damit den wirklichen Wurm, der im Clan ist, ausgerottet haben, bezweifle ich.

In dieser Zeit necken wir Vegetarier immer wieder die Fleischesser. Die Würmer sind doch praktisch! Sie können sie einfach nach dem großen Geschäft aufsammeln und als Fischköder benutzen, anstatt den Wald auf der Suche nach Würmern abzulaufen.

Waldtoilette

Ein Bereich der Hygiene ist „das große Geschäft“. Jeder von uns erhält einen eigenen Bereich zugewiesen, in dem er nun sein großes Geschäft verrichten darf beziehungsweise soll. Dieser ist je nach Entfernung und Länge der Beine fünf bis zwanzig Minuten vom Waldcamp entfernt.

In den ersten Tagen wird uns gezeigt, wie man in einer respektvollen und unsichtbaren Art und Weise dieses Geschäft verrichten kann und somit das, was man gegessen hat, in den Kreislauf der Natur zurückgibt.

Dazu sucht man sich einen Baum und gräbt an dessen Stamm ein Loch, je nach Größe der vermuteten Abgabemenge, größer oder kleiner. Dort kann man nun sein Geschäft hinein verrichten (in der Hoffnung sich nicht verrechnet zu haben, was die Abgabemenge angeht) und bedeckt das Loch wieder mit der ausgegrabenen Erde.

Das kann man derart verfeinern, dass es wirklich kaum zu erkennen ist, dass dort schon mal eine Verrichtung stattgefunden hat. Damit kann man sich allerdings auch selbst überraschen. Also Vorsicht, will man nicht seine eigenen Altlasten wieder zu Gesicht beziehungsweise zur Nase bekommen.

Jeder Baum kann je nach Stammgröße zwei bis vier Mal besucht werden, bevor man sich den nächsten aussucht. Irgendwann ist dann wieder der erste Baum an der Reihe. Dann allerdings ist das ehemalige Häufchen (oder Haufen) bereits zur Erde geworden und düngt den Baum.

Auf dem Weg zu seiner Waldtoilette kann man sich unterwegs praktischer Weise das geeignete Toilettenpapier zusammen sammeln. Am Anfang des Jahres sind die Blätter klein, die an den Bäumen wachsen. Das ändert sich jedoch schlagartig mit dem Frühling. Wachsendes Toilettenpapier sozusagen. Im Herbst hat man dann farbiges Toilettenpapier. Bei Regen oder am Morgen sind die Blätter nass und wir haben sogar natürliches Feuchtpapier. Ungünstig sind Blätter mit Widerhaken oder kleinen Stacheln. Ich verwende gerne feuchtes Moos.

Toilettenpapier war eines der Dinge, von denen ich vermutete, dass es mir am meisten fehlen würde. Das ist jedoch widererwartend nicht der Fall. Ich habe das Gefühl, dass diese Art der Hygiene wesentlich angenehmer und auch sauberer ist, als mich nur mit Toilettenpapier zu putzen.

Davon abgesehen ist es viel spannender hier auf „Toilette" zu gehen. Man steigt über Äste, duckt sich unter Bäume hindurch und muss aufpassen, nicht nass zu werden, wenn es geregnet hat oder der Tau noch auf den Blättern liegt. Am frühen Morgen ist man spätestens nach der ersten kleinen Unaufmerksamkeit wach, weil einem das Wasser den Nacken heruntergeflossen oder ein nasser Zweig ins Gesicht geklatscht ist.

Vögel zwitschern, Streifenhörnchen quieken und rufen es laut hinaus in den Wald, dass da jemand läuft. Das Alarmsystem des Waldes. Ich mache mir mit der Zeit einen Spaß daraus, derart leise und unauffällig auf mein stilles Örtchen zu gehen, dass mich all die Alarmsirenen nicht erkennen. Der lange Weg ist einfach ein schöner Spaziergang. Allerdings wird es etwas kompliziert, wenn man Durchfall hat. Dann sieht man den einen oder anderen etwas hektisch durch den Wald rennen.

Hat man jedoch Zeit, dann hat dieser Toilettengang etwas Meditatives. Bei der Sitzung selbst kann man dann Spinnen, die neben einem krabbeln, beobachten oder den Wolken, die vorbeiziehen, hinterher sehen. Manchmal setzt sich ein neugieriger Vogel in die Nähe und lässt sein Geschäft ganz ungeniert fallen, wo er ist. Und man kann beobachten, wie sich die Pflanzenwelt verändert. Der zivilisierte Mensch hat auf seinem Klo eben Zeitschriften liegen.

Jeder Toilettengang macht hier zudem schlank. Nicht nur, dass man einige Zeit laufen muss, gleichzeitig werden auch sämtliche Muskeln bewegt.

Eine Philosophie von Teaching Drum ist es, keinerlei Bäume aus dem Weg zu schaffen, weil sie einfach nicht im Weg liegen, sondern den Weg gestalten. Alles eine Weise der Betrachtung. Ihre Philosophie ist es vielmehr, sich (s)einen Weg zu bahnen und die Dinge anzunehmen, wie sie sind und nicht dagegen anzukämpfen, sondern im Fluss zu bleiben. Nicht das „Außen“ wird verändert, sondern wir verändern uns, gehen mit dem gegebenen Zustand konstruktiv um, passen uns an und bleiben so flexibel. Mir gefällt das sehr.

Im Gegensatz dazu ist der zivilisierte Toilettengang doch ziemlich fade! Ein paar Meter laufen bis zum Ort des Geschehens, Tür auf und Tür zu. Das maximal spannende, was dann noch passieren kann ist, dass das Toilettenpapier alle ist und man hilflos auf dem stillen

Örtchen sitzt und sich verzweifelt frägt, wie man diese Herausforderung bewältigen kann. Zudem wird kostbares Trinkwasser verbraucht, um es dann wieder aufwendig aufzuarbeiten. Hier wird unmittelbar bewusst, was wir mit unseren Ausscheidungen tun. Sie werden nicht einfach weggespült und sind uns damit aus dem Sinn. Wir tragen dafür Verantwortung. Gehen wir unsauber damit um, treten wir in unsere eigenen Haufen.

Mondzeit

Es gibt noch etwas anderes, von dem ich dachte, dass es mir hier sehr fehlen würde. Tampons! Schon nach den ersten Tagen bekomme ich meine Periode und kann diese erste Herausforderung für mich praktisch angehen. Da wir in der Steinzeit sind, werde ich weder auf Tampons noch auf ein Mooncub zurückgreifen können. Not macht bekanntlich erfinderisch und so verzerteile ich ein Stofftaschentuch in vier Teile. Ich verteile Torfmoos auf den Zweigen junger Tannen, um es zu trocknen. In trockenem Zustand ist es ein extrem saugfähiges Material. Kleine Mengen von diesem getrockneten Moos wickle ich nun in das Taschentuch und forme einen natürlichen Tampon. Je nach Stärke meiner Periode kann ich mehr oder weniger Moos dafür nehmen. Ich bin erstaunt, wie gut das funktioniert.

Andere Frauen aus dem Clan haben sich aus Stoff eine Art Binde genäht, in die sie ebenfalls dieses Moos hineinstecken, damit es dann das Blut aufsaugen kann. Auch eine alte Socke kann man dazu sehr gut verwenden.

Etwas abseits unseres Camps ist die sogenannte Moonlodge, die eigens für Frauen in der Mondzeit als Rückzugsort zur Verfügung steht. Jede Frau, die will, kann dort in dieser Zeit auch schlafen. Sie ist aus Weidenruten gebaut und hat eine runde Form. Das Dach ist aus Birkenrinden und es ist sehr gemütlich in diesem Unterschlupf.

Ich empfinde den „Zirkus“ um die Mondzeit (Periode) als etwas überzogen. Mich begleitet meine Blutung schon geraume Zeit und ich muss sie nicht im Speziellen zelebrieren und daher habe ich keinerlei Interesse daran, in die Mondhütte zu ziehen.

Manchmal finden dort Frauenmeetings statt, in denen alle Themen, die den Frauen auf dem Herzen liegen, besprochen werden.

Nach dem ersten Monat in der Wildnis hören fast alle Frauen auf zu bluten. Nach etwa drei Monaten haben nur noch zwei Frauen ihre Periode. Dass sie jedoch bei unseren beiden Teenagern, die ihre Periode kurz vor der Amerika Reise bekommen hatten, gleich wieder aussetzt, beunruhigt mich. Meine Vermutung dafür ist, dass wir einfach zu wenig zu essen bekommen. Dazu werde ich an späterer Stelle ausführlicher schreiben.

Anpassung der Sprache

Um ganz einzutauchen in die Steinzeit, werden wir dazu angehalten, unsere neuzeitlichen Definitionen hinter uns zu lassen und stattdessen unsere eigenen Definitionen zu kreieren. Früher kannte der Mensch keinen Kalender und die Zeit war nicht eingeteilt in Stunden, Tagen und Wochen. Wir versuchen unsere Sprache von solchen Altlasten zu befreien und andere, für die jeweilige Situation passendere Wörter, zu finden. So wird aus einem Tag „eine Sonne“. Einen Monat nennen wir fortan „einen Mond“. Und fünfzehn Minuten werden eine „eggroasttime“, also solange wie ein Ei braucht, um gar zu werden am Feuer. Eine Minute wird umgewandelt zu „one nutcrack“, also solange, wie man braucht, um eine Nuss mittels zwei Steinen zu knacken und zu pellen.

Für eine Verabredung wird eine Zeit ausgemacht wie zum Beispiel „wenn die Sonne den höchsten Punkt erreicht hat“. Das ist dann natürlich flexible Auslegungssache und man trifft sich dann ungefähr zur selben Zeit.

Je länger wir hier sind, umso mehr verschwimmt die Zeit. Ähnlich wie im Urlaub vergessen wir, welcher Wochentag ist oder gar in welchem Monat wir uns aktuell befinden. Der Mond wird zu unserem Zeitmesser. Ist er voll, halb, zunehmend oder abnehmend?

An ihm erkennen wir auch, wann der Maildrop ist. Also wann wir Briefe bekommen und Briefe verschicken können. Immer zum Viertelmond ist dieser heißbegehrte Tag.

Zudem sollen wir im Hier und Jetzt sein, also nichts

von der Außenwelt hier hereinbringen wie zum Beispiel Filme, Bücher etc.

Leider ist das sehr schwierig mit den meisten Kindern umzusetzen. Alle Kinder außer unseren scheinen mit Fernsehen und Videospielen aufgewachsen zu sein und bringen regelmäßig diese Dinge in die Runde.

Als Großfamilie brauchen wir keinen Fernseher und spielen lieber mit den Kindern oder lesen ihnen Geschichten vor, als ihnen ein Videospiel zu kaufen. Manchmal schauen wir uns gemeinsam ein schönes Video an. Unser Fokus liegt auf uns als Familie.

Unsere beiden Kleinkinder haben keine Stifte dabei, denn wir wollen versuchen, sie an Naturmaterialien heranzuführen. So malen sie auf Birkenrinde mit Asche oder Blütenstaub. Neben uns sitzen Kinder, die zwei Striche auf ein Papier malen und es dann wegschmeißen. Wir versuchen sie zu animieren, auch hier mehr in die Wildnis einzutauchen, was uns jedoch nicht wirklich gelingt.

Andere finden professionelles Anglerequipment und fangen damit sehr viele Fische. Diese Dinge sind aus Plastik und passen unserer Meinung nach nicht hier her. Doch selbst der Guide des Familienjahres benutzt es und wir merken, dass dann doch da Kompromisse gemacht werden, wo es die eigene Komfortzone streichelt.

Essen

Das Essen ist rationiert. Pro Person und Tag erhalten wir:

- drei Früchte (meistens Banane, Apfel, Orange)
- eine Handvoll Nüsse (mit Schale), entweder Haselnüsse oder Mandeln. Gibt es Walnüsse, sind es fünfzehn Waldnüsse pro Tag.
- etwas grünes Gemüse
- zwei Eier
- stärkehaltiges Gemüse wie Süßkartoffel (davon ein viertel Stückchen) oder Kürbis, diverse Rüben
- für die Fleischesser Fleisch, Fisch und Bären- oder Rehfett.
- eine Kelle gekochten Wildreis (nicht immer!)
- Im Frühling und Sommer sammeln wir im Wald Lindenblätter (am Feuer knusprig geröstet sehr lecker), Himbeer- und Walderdbeerblätter, Walderdbeeren, Brombeeren, Himbeeren, Stachelbeeren, Bärlauchblätter, Bärlauchzwiebeln und jungen Farn. Es gibt auch noch andere Beeren, deren Namen ich jedoch nicht kenne.

Für unsere Kinder, die eigentlich Fressraupen sind, ist diese „Menge“ ein Schock! So wenig?! Sie sind ganz andere Mengen gewohnt und noch dazu Dinge, die den Magen füllen, wie Brot oder Nudeln.

Wir haben uns ja für den „kalten Entzug“ entschieden und müssen nun alle mit dieser neuen Situation umgehen. Da es hier in der Wildnis kein Brot und keine

Nudeln gibt, fällt es uns relativ einfach.

Die Nüsse werden auf einen Stein gelegt und mit einem anderen Stein aufgeklopft. Unser schmächtiger Dreijähriger entwickelt Armmuskeln, denn er nimmt sich immer einen sehr großen, schweren Stein, den er dann mit einem Arm heben muss.

Am liebsten esse ich die Nüsse geröstet am Feuer. Entweder lege ich sie eine kleine Weile mit der Schale in die heiße Asche oder ich knacke sie vorher und lege sie dann nackt in die heiße Asche. Mandeln schmecken dann wie gebrannte Mandeln. Wenn man geröstete Haselnüsse mit Banane vermischt, schmeckt das fast wie ein Schokoladenaufstrich!

Ein anderes Gericht ist „Ei in Orangenschale garniert mit gerösteten Nüssen“. Dazu esse ich zunächst das Fleisch einer halben Orange, schlage dann ein Ei dort hinein und stelle die Schale in die Asche beziehungsweise nah (nicht zu nah) an das Feuer.

Alternativ „koche“ ich die Eier direkt am Feuer beziehungsweise in heißer Asche. Vorher spicke ich vorsichtig ein Loch mit meiner Messerspitze in die Eier. Während es auf der Glut liegt oder darin eingegraben wird, muss es regelmäßig gewendet werden, damit es überall gar wird. Nach etwa fünfzehn Minuten ist das Ei hart gekocht. Nehme ich es früher heraus, ist es ein Frühstücksei. Passe ich nicht auf, habe ich ein explodierendes Ei!

Die Kinder gehen ganz selbstverständlich mit dem offenen Feuer um und kochen sich ihre Eier selbst. Am Anfang finden sie die Eiexplosionen noch lustig, doch schnell verstehen sie, dass sie dann noch weniger zu essen haben und achten penibel auf ihre Eier. Und wenn dann doch mal eins zerspringt und sich in der Asche verteilt, klauben sie die Überreste aus dem Feuer und essen sie so. Ist dann sogar etwas gewürzt, sagen sie. Naja. „Der Hunger treibt‘s rein“ ist ein Spruch, den wir immer wieder verwenden.

Manchmal gibt es auch Rührei. Dafür erhitze ich einen Stein in der Glut und lege diesen dann in meine Essensschale zu meinem aufgeschlagenen Ei. Das kocht und brodelt dann vor sich hin und gemeinsam mit Bärlauchzwiebeln ist das ein Genuss! Die Schale habe ich zuvor mit Glutstückchen ausgehöhlt. Ebenso den Löffel, den ich zum Essen benutze.

Einmal gibt es gefrorene Bananen. Teaching Drum hat eine zu große Lieferung erhalten und den Überschuss einfach eingefroren. Es ist ein Festessen und glücklich lutschen wir alle Wildnisbananeneis.

Beim Essenzubereiten wird generell ALLES verwertet. Bei roter Bete wird der Strunk also nicht weggeschnitten, sondern mitgegessen. Die Schale bleibt sowieso dran. Wenn die Kürbisse oder Rüben am Feuer und in der Glut gegart werden, dann bekommen sie meist eine sehr schwarze Rinde. Auch die wird von den meisten mitgegessen, obwohl das sehr krebserregend ist. Wir versuchen unsere Knollen immer sehr vorsichtig zu garen, denn wir essen das Schwarze nicht mit und wollen auch nicht zu viel von der Knolle verlieren.

Eines der meist diskutierten Themen unter uns ist das Essen. Daher möchte ich dieses Kapitel noch etwas vertiefen, damit man eher ein Bild davon bekommt, wie wir gelebt haben.

Jeden zweiten Tag erhalten wir unsere Essensration. Sie wird meistens früh am Morgen mit dem Auto von den Teaching Drum Guides in die Nähe unseres Waldlagers gebracht. Dort steht auch das Notfallauto, was wir hoffentlich nie brauchen werden. Wenn die Guides da sind, jaulen sie wie Wölfe, um uns mitzuteilen, dass wir zum Abholen kommen können. Über diese weite Distanz hört man das Geheule erstaunlich gut. Der Weg dorthin dauert ungefähr fünfzehn bis zwanzig Minuten und wir holen die Essensration bei jedem Wetter ab. All das Gemüse, die Eier und das Obst werden in Decken oder Jacken gewickelt und zurücktransportiert. Mit der Zeit flechten wir Körbe aus Haselnussruten, damit der Transport einfacher und auch hygienischer ist.

Die Essensration ist von Teaching Drum genau berechnet. Wir ernähren uns ähnlich wie unsere Vorfahren in der Steinzeit, die sogenannte Paleo Diät.

Um unseren Bedarf zu errechnen, sind im Basislager von jedem Teilnehmer sämtliche Werte (Gewicht, Fettanteil) ermittelt worden. Diese Werte werden einmal im Monat kontrolliert und so gegebenenfalls unser Bedarf angepasst.

Es kam im Laufe der Geschichte des Yearlongs bereits mehrfach vor, dass Menschen unterernährt in der Klinik an den Tropf mussten. Diese Menschen hatten ihre Essensrationen selbstständig zugunsten anderer Clanmitglieder reduziert und sich dadurch selbst in diese lebensbedrohliche Lage gebracht. Um dem entgegenzuwirken und rechtzeitig eingreifen zu können, sind diese Wiegetage von Teaching Drum eingeführt worden.

Die ersten Monate des Programms sind die sogenannten „Hungermoons“, also Hungermonate. Sie sind dem realen Leben in der Natur nachempfunden. In dieser Zeit, kurz nach dem Winter, finden die Tiere kaum etwas zu fressen, ihre Körper sind vom Winter ausgezehrt und warten auf den Sommer und den Herbst, der ihnen reichlich Nahrung zur Verfügung stellt.

Der Frühling ist also die Zeit, in der es am wenigsten zu essen gibt. Und das Programm beginnt genau in dieser Zeit und die Pfunde purzeln bei allen. Manch einer verliert eben zu schnell zu viel an Gewicht, ohne dass es bemerkt wird.

Hinzu kommt noch der Umstand, dass der Stoffwechsel erhöht ist, weil wir den ganzen Tag draußen sind und so die Verbrennung auf Hochtouren fährt. Und letztlich bewegen wir uns auch sehr viel mehr als in der Zivilisation. Dort befinden sich die meisten Dinge in kurzer Distanz. Hier draußen ist man ständig in Bewegung. Zum Trinken läuft man zum See und nicht nur in die Küche. Anstatt den Heizkörper zu verstellen, laufen wir hier durch den Wald, um Feuerholz zu sammeln. Die Waschmaschine steht maximal im Keller, hingegen muss hier zum See gelaufen werden. Und wie bereits beschrieben ist auch der Weg zur Toilette wesentlich weiter entfernt, als in einer Wohnung oder einem Haus.

Teaching Drum

In diesem Kapitel möchte ich kurz etwas über den Organisator dieses Programms erzählen.

Er ist ein Ältester mit langem, weißem Bart. Viele der Clanmitglieder scheinen ihn zu verehren und seinen Worten mit Hingabe zu folgen. Sie haben alle seine Bücher gelesen und teilweise scheinen sie seine Weltsicht inhaliert zu haben.

Mir, meiner Partnerin und auch einer weiteren Clanfrau (interessanter Weise alles Deutsche) ist das suspekt. Ich selbst war Mitglied einer charismatischen Sekte, in der der Pastor von den Menschen zum Guru stilisiert wurde. Ich lehne daher vehement ab, einen Menschen anzubeten oder ihn auch nur auf ein Podest zu heben und ehrfurchtsvoll aufzublicken. Dazu bin ich zu nüchtern. Ich bin nicht auf der Suche nach einer Religion oder einem Gott.

Ich kann seine Lebenserfahrung nicht einschätzen. Auch sein Wissen, was die Natur angeht, entzieht sich meiner Kenntnis. Er hat viele Bücher geschrieben, von denen ich keines gelesen habe. Mein Englisch ist nicht so gut, als dass ich mir zutraue, ein Buch zu lesen und es auch noch zu verstehen. Ich denke, dass ich dadurch recht unvoreingenommen an die ganze Sache herantreten konnte.

Er kommt fast täglich ins Camp. Meist gemeinsam mit seiner Lebenspartnerin und anderen Mitgliedern der Teaching Drum Crew. Auch für sie ist das Familyyearlong (das Familienjahr in der Wildnis) eine neue Erfahrung.

Waren die Teilnehmer bisher eher „junge Erwachsene“, sind diesmal viele Frauen mittleren Alters dabei. Und diese Frauen sind auch noch Mütter, die bekanntlich zur Löwin werden, wenn sie ihre Jungen in Gefahr sehen. Zudem sind sie nicht mehr so leicht formbar wie junge Menschen, die sich auf der Suche nach der eigenen Identität befinden. Die meisten Mütter jedoch haben sich bereits ein Leben eingerichtet und tragen die Verantwortung für ihre Kinder.

Ich bin Teaching Drum dankbar für die Chance, einen Jahreszyklus in der Natur zu leben, mir Wildnisfertigkeiten anzueignen und sie zu leben. In mir ist also Dankbarkeit, jedoch keinerlei Verehrung für den Programmleiter und so beobachte ich gespannt, wie sich das hier entwickeln wird.

Begegnung mit dem Tod

Schon in den ersten Tagen wird das erste tote Tier ins Camp gebracht. Ein Reh hängt an einem stabilen Ast, mit dem es von zwei Personen ins Camp getragen wird. Die Augen sind offen und der Körper ist voller Blut von dem Unfall. Die Rehkuh war trächtig.

Ich mag generell keine toten Tiere und wenn es irgend geht, fasse ich sie nicht an. Dieses Reh vor Augen, der Geruch des verwesenden Fleisches in meiner Nase, all das erinnert mich an die halbausgezogenen Mäuse, die mir manchmal die Katzen als liebevoll gemeinte Geschenke vor meine Türe legen und ich sie dann entsorgen muss. Mich ekelt es immer davor.

Während ich das Reh betrachte, kommt einer meiner beiden jüngeren Söhne an mich heran. Er hat noch nie in seinem Leben ein totes Tier gesehen. Er bemerkt all das Blut und sagt ganz spontan: „Ich fahre es mit meinem Auto zum Doktor, damit er das Blut wegmacht. Ich bin der Doktor“.

Dieser kleine Mensch möchte dem Tier helfen und in ihm sehe ich eine Verzweiflung über das tote Tier. Warum fühlt er so? Weil wir ihn so erziehen, er uns als Vorbild hat und uns nur nachplappert? Oder kommt es aus seinem Inneren und ist sein Instinkt? Denn für die anderen Kinder im Clan bedeutet dieses Reh einfach nur ein leckeres Schnitzel und sie haben keinerlei Bedürfnis ihm zu helfen.

Unsere beiden Kleinsten werden hier also zum ersten Mal in ihrem Leben mit dem Tod konfrontiert. Nicht nur das, sie beobachten außerdem, wie das Fell abgezogen und die Gedärme herausgenommen werden. Als sie jedoch den Kopf mit dem Tomahawk abtrennen, wird es mir zu viel. Nein, ich will nicht, dass sie das so erleben. Und so lenke ich sie dezent von diesem brutal anmutenden Geschehen ab.

Immer wenn ich einen Film sehe, wo ein Löwe eine Gazelle reißt, schaue ich weg. Mir ist bewusst, dass es ein natürlicher Prozess ist und doch ist mir das einfach zu brutal.

Später dann beim Essen sehen die beiden den Kopf gegart in einem Topf liegen und auch, wie die Augen herausgepuhlt und gegessen werden. Es geht mir in dieser Situation nicht gut und ich versuche mich selbst zu hinterfragen, was los ist. Überbehüte ich meine Kinder, indem ich versuche, sie davon fernzuhalten? Was ist dieses „davon"? Die Wahrheit darüber, wo das Fleisch herkommt? Was ist so schlimm daran, die Wahrheit zu zeigen? Was bewegt mich da innerlich so stark? Ist es nicht nur meine anerzogene Denkweise?

In unserer Kultur wissen wir nicht mehr, wo ein Stück Fleisch seinen Ursprung hat. Dass es irgendwann einmal ein lebendiges Tier war, das auf einer Wiese herumgetollt ist beziehungsweise in einem engen Stall gemästet wurde, um dann geschlachtet zu werden. Fein säuberlich verpackt liegt es dann irgendwann im Kühlregal unseres Supermarktes, anonym und vom Blut gesäubert. Die Schmerzensschreie und die Angst des Tieres lernen wir als Konsumenten nicht mehr kennen.

Ich war etwa vierzehn Jahre alt und auf dem Weg von der Schule nachhause. Ich lief an der Garage des Schlachters unseres Ortes vorbei. Dort lag eine tote Kuh und ihr Blut floss als Rinnsal hinunter. Ein

Freund von mir war damit beschäftigt, Därme mit einer Fleischpaste zu füllen. Das war ein Erlebnis, was mich die nächsten Jahre zum Vegetarier werden ließ.

Bei der Geburt meines ersten Kindes jedoch war ich bereits wieder Fleischesser ohne Gewissenskonflikt. Die Erinnerung, wo Wurst und Fleisch ihren Ursprung haben, war in mir verblasst.

Wenige Jahre später erkrankte ich schwer und mein damaliger Arzt riet mir, den Fleischkonsum einzustellen. Interessanter Weise hatte ich in dieser Zeit einen Ekel, wenn ich rohes Fleisch roch. Der Rat des Arztes und mein eigener Instinkt ließen mich also wieder zur Vegetarierin werden. Wir stellten unsere Essensgewohnheit als Familie um. Kindern jedoch etwas Gewohntes zu verbieten, erschien mir nicht fair. Daher wollte ich ihnen die Entscheidung überlassen, fand es jedoch wichtig, dass sie diese Entscheidung erst dann treffen, wenn sie das Gesamtbild vor sich haben.

Ein Freund von uns hatte Schafe und Ziegen und wollte in den nächsten Tagen ein Schaf schlachten. Wir fragten, ob wir dabei sein könnten und so kamen wir am besagten Tag mit einem komischen Gefühl im Bauch zu diesem Freund und sahen das Schaf, das nun bald das Zeitliche segnen würde. Es bekam noch einmal sein Lieblingsfutter, einen Streichler über den Kopf und wurde dann mit einem erfahrenen Schnitt von unserem Freund würdevoll an der Kehle tödlich verletzt. Nach dem letzten Zucker wurde es zum Ausweiden aufgehängt. Die Kinder und wir beobachteten das Geschehen schweigend, jeder mit seinen eigenen Gefühlen und in Gedanken versunken.

Das Schaf hatte einen Namen und durfte frei auf einer riesigen Weide mit anderen Schafen leben. Es hatte also ein schönes Leben. Nun hing es da, wurde zerschnitten und auf den Grill gelegt. Für unsere Kinder war dies nun das erste Tier, was sie vorher gesehen und gestreichelt hatten und was sie nun essen konnten. Keiner bekam einen Bissen herunter. Nun, wo es nicht mehr nur abstrakt im Kühlregal lag, brachte es keiner übers Herz zuzubeißen. Alle hatten einen Kloß im Hals.

Früher war es natürlich, diesen Tötungsvorgang zu erleben, auch für Kinder. Bei Bauern waren oft gerade die Kinder dafür zuständig, die Hasen oder die Hühner zu schlachten und auszunehmen.

Einmal besuchte ich einen Freund, der ein richtiger Bauersjunge war. Kaum erreichte ich den Hof, lief mir ein Huhn ohne Kopf entgegen. Seine Mutter war gerade am Schlachten. Für ihn war das normal, für mich war es gruselig.

In unserer heutigen Gesellschaft sind wir das nicht mehr gewohnt. Ich bin es nicht gewohnt. Ich habe ehrlich gesagt auch gar nicht den Wunsch dazu.

Und nun stehe ich mit meinen Kindern vor diesem Reh. Alle anderen Clankinder haben keinerlei Berührungsängste, sie scheinen diesen Anblick gewohnt zu sein und helfen sogar mit. Mit blutverschmierten Armen und Gesichtern lachen sie und sind fröhlich. Ich versuche die Situation einfach so, wie sie ist, zu akzeptieren. Es gibt Menschen, die haben kein Problem damit und andere, die damit nicht klarkommen.

Nach der Schlachtung gehe ich zum Feuer zurück. Um die Feuerstelle ist alles voller Blut, der ausgehöhlte Kopf des Rehs liegt auf dem Boden und starrt mich aus leeren Augen an. Überall rieche ich diesen intensiven Geruch von Blut.

Monate später höre ich, wie ein drei Jahre altes Mädchen aus dem Clan zu einem unserer Jungs sagt: „Ich hack dir den Kopf mit meinem Tomahawk ab!“ Ich erinnere mich an all die Rehköpfe, die vor den Augen der Kinder rollten und frage mich, ob ich nur überzogen reagiere oder ob wir als Clan zu nachlässig mit den Kinderseelen umgehen? Wie verarbeiten gerade so kleine Kinderherzen solche Szenen? Welche Verantwortung haben wir als Erwachsene? Diese Ausdrucksweise des kleinen Mädchens schockiert mich und ich bin froh darüber, dass unsere beiden Buben weiterhin feinfühlig und sensibel mit diesem Thema umgehen. Immer wieder gibt es Situationen, in denen ich mich frage, was wir als Erwachsene den Kindern antun. Wie auch folgende Situation:

Zwei kleine Clankinder spielen mit einem toten Streifenhörnchen. Von weitem sieht es aus wie eine Stoffpuppe. Unser jüngster Sohn geht zu ihnen und kommt kurze Zeit später mit diesem Streifenhörnchen auf uns zu.

Was ist Ethik, ethisches Verhalten? Ist es richtig, mit einem toten Tier zu spielen wie mit einem Spielzeug? Gibt es ein Richtig und ein Falsch? Wie gehe ich damit als Mutter um? Vor allem unter all den anderen Müttern, die damit keine Probleme haben?

Einmal gibt es frisches Rehherz, also roh. Ein dreijähriger Junge aus dem Clan nimmt sich ein Stück, das Blut läuft ihm an den Seiten des Mundes herunter und ich muss meinen Würgereiz unterdrücken. Ein ebenfalls dreijähriges Clanmädchen isst neben mir ungerührt ein Eichhörnchen mit Kopf und allem anderen. Das ist einfach nicht meine Welt und so will ich meine Kinder nicht groß ziehen. Ich würde mich selbst verleugnen, würde ich etwas anderes sagen. Wir spüren, dass es für uns nicht richtig ist und wir unseren Kindern etwas anderes vermitteln wollen.

Kurze Zeit, nachdem die Kinder mit dem Streifenhörnchen gespielt haben, kommt eine unserer zehnjährigen Töchter traurig und aufgelöst auf mich zu. Das Streifenhörnchen ist ausgerechnet das Tier, das sie am Tag zuvor mit der Hand gefüttert hatte. Sie hatte es geschafft, es zutraulich zu machen und kurze Zeit später ist es in die Falle eines Clanmitglieds gegangen.

Sie hatte dasselbe mit einem Wildhasen in Portugal geschafft, der immer wieder in der Nähe unseres Grundstückes vorbeigehoppelt kam. Mit viel Geduld schaffte sie es, den Hasen zutraulich zu machen und gewann so einen Freund, um den sie sich liebevoll kümmerte.

Dieser gestreifte Freund wird nun mit Haut, Haaren und Knochen von einem der Clanleute verspeist. Es tut mir für meine Tochter und ihre Kinderseele sehr leid. Sie hat eine andere Perspektive. Für sie ist ein Tier ein Weggefährte, für die anderen eine Bereicherung des Speiseplans.

Einmal gibt es Bärentatzen zu essen. Sie sehen aus wie Menschenhände und auch das ist für uns eine Spur zu heftig. Trotz unseres Hungers schreckt uns all das immer noch ab. Undenkbar so etwas zu essen.

In der Zeit, als es immer wieder Frösche zu essen gibt, wird es wirklich gruselig! Die gefangenen Frösche sind enthauptet und liegen stundenlang „tot“ herum. Sie werden dann aufgespießt über das Feuer gehalten und beginnen dann zu zappeln.

Davon abgesehen ist die Lagerung des Roadkills für mich gewöhnungsbedürftig. Das ausgenommene Tier wird im Moor unter Moos gelagert. Dort ist es „kühl“ und das Fleisch liegt einigermaßen sicher vor Fliegen. Im Sommer wird es jedoch sehr warm und das Fleisch verdirbt schneller. Die Fliegen finden den Weg aufs Fleisch und legen fleißig Eier darauf ab. Für den Clan bedeutet das nur eine „Anreicherung von Eiweiß“. Sie essen das Fleisch auch noch, wenn es leicht verdorben ist oder es ranzig schmeckt, weil beim Unfall der Magen geplatzt ist und die Magensäure das Fleisch eigentlich ungenießbar gemacht hat.

Hier treffen zwei verschiedene Welten zusammen. Mir erschwert es den Zugang zum Fleisch nur noch mehr.

Vegetarier und Fleisch(fr)esser

Beim Essen sitzen wir alle gemeinsam im großen Kreis auf dem Boden. Es beginnt damit, dass wir uns alle an die Hände nehmen und uns so miteinander verbinden. Die linke Hand, die Herzenshand und auch gebende Hand, zeigt nach unten. Die rechte Hand ist die empfangende Hand und zeigt nach oben. So zieht sich das symbolisch durch den Clankreis. Der oder die Älteste in der Runde sagt kurz etwas, gibt einen Dank zum Ausdruck oder wir singen ein Lied.

Irgendwo im Kreis sind nebeneinander all die Töpfe aneinandergereiht und hinter jedem sitzt ein Clanmitglied, was aus dem Topf austeilt.

Die Clanmitglieder stellen sich in einer bestimmten Reihenfolge an dieser „Theke“ an, um ihr Essen zu erhalten.

Viele brennen oder schnitzen sich eine Schüssel und mit der Zeit wird gewetteifert, wer die größte Schüssel hat. Denn in eine große Schüssel passt mehr hinein.

Manchmal erinnert mich diese Warteschlange an das Anstellen in einer Kantine. Die Reihenfolge, nach der sich hier gerichtet wird, ist folgende: Zunächst sind die Frauen in der Altersreihenfolge dran, die Älteste zuerst. Dann kommen nach demselben Prinzip die Männer an die Reihe, gefolgt von den Kindern, bei denen auch die ältesten vorne gehen. Den Abschluss bilden die „Guardians“ des Clans und die, die das Essen austeilen. Sie sind es auch, die automatisch weniger als der Rest der Gruppe vom Essen abbekommen.

Wenn alle ihre erste Portion aufgegessen haben, werden reihum Ansagen gemacht. Jeder hat die Möglichkeit, von seinem Tag zu berichten, eine Frage zu stellen, einen Verbesserungsvorschlag zu machen oder ähnliches. Für mich hat diese Runde immer auch einen Hauch von Rechtfertigung und Kontrolle, wenn es darum geht zu sagen, was man gemacht hat. „Komm erzähl mir, wie war dein Tag?“ Dieses Gefühl des ungezwungenen freiwilligen Erzählens habe ich bei den Clanleuten nie wirklich. Daher erzähle ich in dieser Runde nie etwas von mir.

Ich tue die Dinge, die ich tue und habe nicht das Bedürfnis, sie den anderen mitzuteilen. Ich erledige das, was mir möglich ist und gehe davon aus, dass dies jeder hier tut. Es interessiert mich daher auch nicht, was die anderen machen. Es muss sich niemand bei mir entschuldigen, wenn er sich einmal einen Tag Auszeit nimmt und nichts für die Gemeinschaft tut. Wir sind mündige Erwachsene und jeder kann und soll in meinen Augen selbst für sich entscheiden, wie er handelt.

In einem anderen Rahmen höre ich interessiert zu, wenn mir jemand erzählt, was er erlebt oder gemacht hat. Und dann erzähle auch ich gerne, was ich gemacht und erlebt habe. In diesem „privateren“ Rahmen erscheint es mir natürlich, ungezwungen und authentisch.

Nachdem wir also mit der ersten Essensrunde und den Ansagen fertig sind, wird die zweite Essensrunde eingeleitet. Beim Austeilen wird penibel auf die Menge geachtet und jede Kelle abgezählt. Ob das richtig ist, stellen wir mit der Zeit in Frage. Wir sind uns nicht einig darüber, welche Menge die angebrachte ist. Soll jeder denselben Anteil erhalten oder den gerechten Anteil? Was ist gerecht? Also lieber jeder das, was er wirklich benötigt? Doch woher soll man das wissen? Brauchen Kinder weniger als Erwachsene, Frauen weniger als Männer? Welches Kriterium kann man hier anwenden?

Die Lebensmittelration beinhaltet seit Wochen geschätzte 1300 bis 1500 Kalorien pro Tag und pro Person. Wir Vegetarier haben durch unseren freiwilligen Verzicht auf Tierprodukte entsprechend weniger Kalorien. Wir vermuten zwischen 600 und 900 Kalorien pro Tag und pro Person.

Durch die viele Bewegung und das ausgesetzt sein vom Wind und Wetter wird der Stoffwechsel angekurbelt und die benötigte Energiemenge ist deutlich höher.

Laut Teaching Drum soll der Hunger unser Lehrer werden und uns aufmerksam machen. Wir sollen lernen herauszufiltern, was wir wirklich benötigen und auch nur das zu uns nehmen. Wir sollen herausfinden, wo die Nahrungsaufnahme ein Kompensationsmittel für etwas in unserem Leben ist und daran arbeiten. Die Tatsache, dass wir alle großen Hunger haben, erschwert das objektive Betrachten, was die Menge angeht.

Durchweg alle im Clan haben abgenommen.

Meine Partnerin und ich geben unsere Früchte seit Wochen an unsere Kinder weiter. Dennoch haben sie Hunger. Uns belastet dieser Umstand sehr und wir hoffen, dass die Hungerzeit bald zu Ende sein wird.

In einem Meeting erklärt uns das Teaching Drum

Team, dass in der Essensration genau die Menge enthalten ist, die jeder der Teilnehmer benötigt. Nach dieser Erklärung entscheiden wir als Clan, dass wir Abstand nehmen wollen von den Vorgaben, was die Menge des Essens angeht. Wir vertrauen darauf, dass für alle genau das da ist, was ein jeder benötigt. Jeder soll sich also das nehmen, was er braucht, so die Theorie. Fakt jedoch ist, dass alle hungern. Die einen haben mehr Speck auf den Rippen als die anderen und können so davon zehren. Doch unterm Strich haben alle einfach schlicht und weg Hunger.

Es geht hier nicht darum, dass irgendwelche Kinder irgendwelche Süßigkeiten wollen, um etwas damit zu kompensieren. Die Kinder fragen ganz banal nach mehr grünem Gemüse, etwas mehr Obst.

Mir fällt es schwer mir vorzustellen, wie in einer Gruppe, in der alle durchweg hungern, jeder satt werden soll, wenn sich jeder so viel nimmt, wie er braucht. Für mich ist das eine Rechnung, die nicht aufgehen kann. Sie ist unlogisch in sich. Keiner von uns nimmt wirklich weniger, denn alle sind am Limit. Wie soll es möglich sein, dass sich jemand mehr nimmt als die bisher vorgegebene Ration? Er wird es einem anderen Clanmitglied wegessen. Wer sich weniger als die bisherigen Vorgaben nimmt, der hat einfach zu wenig. In meinen Augen ist da ein grundlegender Fehler im System. Wenn jeder einen Apfel zu essen bekommt, den er auch unbedingt benötigt, um zu leben, wie soll er dann von diesem Apfel auch noch abgeben? Das geht nicht.

Nach unserer Entscheidung unser Verhalten, was das

Essen angeht, zu verändern, wagen einzelne den Schritt und sagen offen, dass sie mehr zu essen brauchen. Sie stehen vor einem dampfenden Topf, sind als erster in der Reihe und wollen nun anstatt einer Kelle zwei Kellen, anstatt ein Stück Fisch zwei. Die, die hinten stehen, haben Angst keinen Fisch mehr abzubekommen. Der jeweilige Austeiler beim Essen entscheidet dann, ob diese Person mehr bekommt. Es kommt also auch vor, dass die Person weggeschickt wird und der jeweilige Austeiler urteilt somit darüber, dass es jemand anderes noch schlechter geht.

Diese Vorgehensweise wird immer extremer, vor allem nach den Wiegetagen. Die Ergebnisse werden im Redekreis besprochen und so erfährt jeder, wer wie viel Körpergewicht abgenommen hat. Jemand der kein Gewicht verliert, hat dann keine Chance mehr, zusätzliches Essen zu erhalten.

Wir waren uns über die Hungermonate in der Theorie schon vorab bewusst gewesen. In unserer Internetgruppe unterhielten wir uns als Eltern mit der Wildnisschule darüber. Und wir sprachen den Leiter direkt auf dieses Thema am Telefon an. Wir wollten von ihm wissen, wie das für die Kinder sein würde. Würden sie auch diesen Hunger durchleben müssen? Er versicherte uns und unseren Kindern, wie auch im Internetforum, dass die Kinder keinen Hunger haben würden. Unsere Kinder beschweren sich in all der Zeit nicht, obwohl sie das klare Versprechen, keinen Hunger zu haben, noch genau in den Ohren haben. Ich bin wirklich stolz darauf, wie sie mit der doch schon lange anhaltenden Situation umgehen. Ein anderer Vegetarier unter uns sagte mir zu Beginn des Programms, dass er solange es geht versuchen wird, kein Fleisch zu essen. Nach nicht einmal drei Wochen isst er Fleisch. Unsere Kinder haben mehr Durchhaltevermögen als ein erwachsener Mann. Obwohl sie wirklich hungern und sowieso kaum Speck auf den Rippen haben, von dem sie zehren können, greifen sie nicht zum Fleisch.

Teaching Drums Versprechungen decken sich in keiner Weise mit der Realität. Die sieht entschieden anders aus. Die Kinder haben Hunger. Und das nicht nur wenige Tage lang, sondern bereits seit Wochen.

Um unseren Hunger zu verdeutlichen:

Wenn es Melonen gibt, essen wir die Schale der Melone mit! Auch die Bananenschale wird ganz mitgegessen oder zumindest das Innere der Schale abgekratzt. Die Kerne der Melone werden selbstverständlich ebenfalls gegessen. Und ich rede hier nicht von den Kernen der Wassermelone! Bei den Orangen wird das Weiße, was in der Schale ist, abgeschält und gegessen. Wer Fisch isst, röstet die Gräte und isst sie wie Chips.

Für Besucher scheint dieses Essverhalten befremdlich. Ihnen wird die Gräte oder der Fischkopf, die sie nicht essen wollen, gierig abgenommen. Auch für Schalen jedweder Art findet sich immer ein dankbarer Abnehmer. Ich schaue oft den Besuchern zu, wie sie uns beobachten. Manchmal würde ich gerne ihre Gedanken lesen. Vor allem die Fooddrop Tage müssen für sie sehr befremdlich sein, denn dann werden tatsächlich die Nüsse penibel abgezählt. Das bedeutet, dass man zunächst alle Nüsse zählt, dann durch die Anzahl der

Clanmitglieder teilt und jeder seinen Anteil erhält.

Da die Nüsse unsere einzige Fettquelle sind und so sehr geklaut wird, nehmen wir unseren Anteil bereits am ersten Tag aus dem Nusshaufen heraus, penibel abgezählt versteht sich. Irgendwie ist das schon ein wenig krass! Wir wollen hier Großfamilie leben und das, was hier geschieht, geht so weit an meiner Erfahrung mit meiner eigenen Großfamilie vorbei. Wir zählen niemals ab, wer wie viel von etwas bekommt.

Gegenüber der Ernährungsform bin ich auch unsicher. Zwei Eier pro Tag essen die Kinder mindestens. Manchmal tauschen sie etwas gegen Eier, denn Eier geben ihnen eher ein Sättigungsgefühl. So kommt es vor, dass sie am Tag fünf Eier essen. Ich kenne die Empfehlung: ein Ei pro Woche.

Wir suchen das Gespräch mit dem Programmleiter. Er versucht uns Mütter zu beruhigen und erklärt uns, dass der Hunger lediglich das Zeichen dafür ist, dass der Körper bereit ist, weiter Nahrung aufzunehmen. Magenknurren würde also nicht bedeuten, dass er auch Nahrung benötigt. Genau um diese Erfahrung würde es gehen bei den Hungermonaten. Es wieder zu erkennen, was man wirklich braucht und was nur ein Wollen ist, Gelüste, Lust auf etwas. Wir sind zu vollgegessen und kennen kein Maß mehr in unserer Gesellschaft. Er erzählt uns also nichts wirklich Neues und ich stimme mit ihm überein damit, dass wir verlernt haben auf das Bauchgefühl zu hören und oft über den tatsächlichen Hunger hinaus essen. Auch der Speck um meine Hüften nickt zustimmend. Wir Erwachsenen haben uns für dieses Programm entschieden, doch unsere Kinder sitzen lediglich im selben Boot wie wir. Für sie finde ich es nicht richtig und vor allem nicht gesund. Ich habe Bedenken, was ihre körperliche und seelische Entwicklung angeht.

Ich habe viele Bücher über die Nazizeit gelesen, in der Menschen Hunger litten und durch diese Erfahrung ihr Leben lang ein kaputtes Verhältnis zum Essen im Allgemeinen entwickelten. In ihnen war diese Angst, zu wenig zu bekommen, derart tief eingraviert, dass sie sich nicht mehr unter Kontrolle hatten und über die Maßen aßen.

Durch die monatlichen Wiegetage, an denen auch das Körperfett gemessen wird und seine dreizehn Jahre Erfahrung würde er es rechtzeitig erkennen, wenn ein Kind in Schwierigkeiten gerät, meint der Programmleiter. Er erzählt uns, dass bereits Kinder an einem Yearlong teilgenommen und alles gut überstanden hätten. Auch der immense Eierkonsum wäre noch bei niemand schädlich gewesen.

Mag sein, dass man an den Wiegetagen erkennt, wenn ein Kind zu sehr abdriftet. Doch was das Seelische angeht, kann man in meinen Augen nicht absehen, was das mit einem Menschen und speziell mit einem jungen Menschen macht.

Für fast alle Mütter im Clan ist der Hunger ihrer Kinder eine große Belastung. Vor allem weil er nicht nur wenige Tage andauert, sondern sich über mehrere Monate hinzieht.

Kontrolle

Wir versuchen als Familie auf unserem eigenen Weg mit der Essensration umzugehen. Da es nicht immer Bananen gibt, legen wir immer wieder Bananen auf die Seite, damit vor allem die beiden Kleinsten täglich ihre Banane essen können.

Manchmal gibt es Reis. Der Clan kocht häufig die gesamte Reisportion, die ja für zwei oder drei Tage berechnet ist, an einem Tag und isst ihn ganz auf. Wir ziehen es vor, unseren Anteil an Reis ungekocht aus dem Sack zu nehmen und teilen ihn dann auf mehrere Tage ein. So haben wir fast jeden Tag ein wenig Reis zu essen und garantieren so eine gleichbleibende Kalorienzufuhr. Würden wir es wie der Clan machen, dann würden unsere Kinder und wir noch mehr abnehmen.

Unsere Vorgehensweise wird nicht gerne von Teaching Drum und somit auch nicht gerne vom Clan gesehen. Die Vorgabe ist es, die Dinge so zu nehmen, wie sie sind, also keine Vorratshaltung zu betreiben. Die Essensration ist jedoch immer für zwei bis drei Tage und in unseren Augen kann man sich dann diese Dinge selbstständig einteilen. Kann man leider eben nicht laut Clan. Ich empfinde dies als Eingriff in unser Leben. Jeder vom Clan erhält seine Tagesration für drei Tage. Wie jeder sich das aufteilt, ob und mit wem jemand teilt, ist in meinen Augen nicht die Sache des Clans und kann nicht vorgeschrieben werden. Da wir als Familie eine Gruppe aus neun Personen darstellen, fällt unser Verhalten einfach mehr ins Gewicht. Würden es einfach nur neun Clanleute so machen, wie wir es tun, würde das gar nicht auffallen.

Irgendwann sehr viel später wird sich herausstellen,

dass gerade diejenigen, denen wir ein Dorn im Auge sind mit unserer Art die Dinge aufzuteilen, nicht mit offenen und ehrlichen Karten spielen. In einer großen „Beichtrunde" stellt sich heraus, dass der Großteil der Erwachsenen sich Naschereien durch Besucher ins Lager schmuggeln ließ oder bei Campern herzhaft beim Barbecue zugegriffen haben sowie Brot, Butter und diverse andere Köstlichkeiten gegessen haben. Warum wundern wir uns, dass die Kinder klauen? Einige der Erwachsenen sind nicht in der Lage, diese Hungerszeit zu bestehen. Was umso erstaunlicher ist, weil sie ja zusätzlich Fleisch, Fisch und Fett haben. Wir Vegetarier schaffen es ohne zu schummeln, die ganze Zeit über durchzuhalten.

In der Anfangszeit essen wir als Familie ausschließlich Rohkost. Irgendwann reihen sich einige von uns beim gekochten Essen ein. Eines Tages vergisst einer der Köche, dass wir mitessen und träufelt Bärenfett in den Topf. Wir haben an diesem Abend nichts zu essen. Dies wiederholt sich immer wieder. Ob das nur Nachlässigkeit ist oder ob wir damit bewusst auf die Probe gestellt werden beziehungsweise ins Wasser geschubst werden sollen, weiß ich nicht. Schließlich entscheiden wir uns, selbst zu kochen. Der Clan findet unsere Entscheidung nicht gut. In ihren Augen separieren wir uns damit.

Für uns ist es kein Problem, aus verschiedenen Töpfen zu essen. Selbst wir als Familie essen normalerweise unterschiedlich und sitzen doch einträchtig an einem Tisch. Hier jedoch scheint das für einige im Clan eine große Herausforderung zu sein. Der Wunsch alles zu teilen und dasselbe zu haben ist übergroß, was wir nicht verstehen können.

Wobei irgendwann eine interessante Situation eintritt. Eine Clanfrau sammelt viele Nacktschnecken und wirft sie in das heiß gemachte Rehfett. Alle anderen Clanmitglieder sind alles andere als erfreut darüber und weigern sich das Schneckenragout zu essen. Die Clanfrau muss alleine mit ihren Kindern den Topf leeren. Es ist also auch durchaus möglich, dass der Clan nicht aus einem Topf isst, dann nämlich, wenn es über seine Grenzen geht. Selbstverständlich ist es dann auch in Ordnung, im Gegensatz zu uns. Warum man nicht die verschiedenen Grenzen respektieren kann, ist und bleibt mir ein Rätsel. Warum es einerseits toleriert wird, wenn jemand keine Schnecken essen will, es andererseits jedoch massiv kritisiert wird, wenn andere im Clan kein Fleisch essen wollen, liegt meines Erachtens einfach an der Gruppendynamik.

Eines Abends wird der Wunsch geäußert, dass wir uns als Familie beim Essen mehr durchmischen und nicht alle beieinander sitzen sollen. Dieser Wunsch ist für uns noch schwerer nachzuvollziehen. Alle anderen Familien sitzen beim Essen zusammen. Wir können uns das nur damit erklären, dass wir einfach eine große Gruppe sind und es mehr auffällt, dass wir mit neun Personen nebeneinander sitzen und nicht nur zu dritt oder zu viert.

In dieser Zeit spüren wir zunehmend einen diffusen Widerstand gegen uns, fühlen uns gleichzeitig immer eingeengter, haben das Gefühl unter Kontrolle zu stehen und mehr und mehr unsere Freiheit und Individualität zu verlieren. Immer mehr rückt unsere Andersartigkeit, was das Essen angeht, in den Mittelpunkt. Es scheint, als wenn es das erklärte Ziel ist, dass wir alle gleich werden. Individualität ist hier nicht gefragt und soll aufgelöst werden, umgewandelt in ein großes WIR, der Clan als Organismus. Mit diesem „wir" Gedanken haben früher die Menschen überlebt.

Ich kann das schon verstehen. Meiner persönlichen Ansicht nach ist das jedoch nicht innerhalb so kurzer Zeit realisierbar. Davon abgesehen gab und gibt es unterschiedlichste Clanlebensweisen. In einigen Kulturen war/ist es durchaus gängig, dass man gemeinsam zur Jagd geht und die Beute teilt. Die jeweiligen Familien des Jägers kochen dann an ihren eigenen Feuerstellen. Es werden Feste gemeinsam gefeiert, doch es gibt auch die Familie.

Das Buch „Auf der Suche nach dem verlorenen Glück" von Jean Liedloff ist ein Wegweiser für unser Leben. Dort geht es um das Kontinuum Konzept. Jeder Mensch wird in dem akzeptiert, was und wer er ist. Niemand versucht irgendwen zu verändern und zu verbiegen. Jeder wird vom Clan mitgetragen.

Eine Passage aus dem Buch ist mir besonders in Erinnerung. Es handelt von einem Familienvater, der die Versorgung von sich, seiner Frau und seinem Kind der Familie überlässt, die ihn zuvor in ihr Haus aufgenommen hat, da er nicht gerne arbeitet. Diese Familie gibt gerne und hat keinerlei Erwartungen an ihn. Dies geschah über Jahre hinweg, bis der Mann aus einem inneren Bedürfnis heraus begann, diese Aufgabe Schritt für Schritt selbst zu übernehmen. Durch die ungezwungene Begleitung der Gastfamilie bei diesem Prozess konnte er nun Freude an der Arbeit empfinden. Die Familie gestand ihm den Zeitraum zu, den er benötigte, um selbst initiativ zu werden.

Hier scheint das Gegenteil angestrebt zu werden. So viele Erwartungen werden von außen gestellt. Es scheint keine Zeit dafür zu sein, dass sich die Dinge natürlich entwickeln und entfalten können, leider. Wie wir damit umgehen werden, weiß ich nicht. Ich möchte mir selbst treu bleiben. Ein angepasstes Leben lehne ich in der Zivilisation ab und werde es auch hier tun. Ich bin als Individuum hier her gekommen und auch als individuelle Familie. Und genauso sehe ich den Clan. Sie sind nicht Teil von mir, keiner der Clanmitglieder. Und auch niemand ist Teil meiner Familie. Das mag sich mit der Zeit ändern. Einer natürlichen Veränderung bin ich auch nicht abgeneigt. Doch ich fühle eine unnatürliche Forcierung, der sich mein Innerstes gegenüber sperrt.

Gruppengröße / Guardians

Wir sind eine sehr große Gruppe. Viele, so auch wir, empfinden die Gruppe als zu unüberschaubar. Wenn wir uns in einem Redekreis treffen, um ein Thema zu diskutieren, wird jeder im Kreis gehört. Das braucht seine Zeit. Wir schaffen es nicht wirklich, intimer zu werden und Freundschaften aufzubauen. Immer wieder wird der Wunsch geäußert, die Gruppe zu halbieren. Doch es wird nicht umgesetzt. Warum, weiß ich nicht. Auf der einen Seite wird uns gesagt, dass wir unser Wildnisjahr als Gruppe gestalten, auf der anderen Seite haben wir keinerlei Mitspracherecht.

Eigentlich ist unser Clan aufgeteilt in zwei Gruppen. Der Großteil der Gruppe lebt im Hauptcamp. Dort sind alle Familien und auch Alleinerziehende mit ihren Kindern. Die jüngeren Leute von uns (Guardians), alles Singles, leben in einem Nebencamp. Dieses Camp ist zu Fuß oder mit dem Kanu in etwa zehn Minuten zu erreichen. Dort stehen ihre Zelte, in denen sie schlafen. Tagsüber halten sie sich jedoch ausschließlich im Clan auf.

Die Guardians haben ganz andere Bedürfnisse als die Familien. Ihre Gruppe entspricht eher den Gruppen der „normalen“ Yearlongs. Junge, formbare Menschen, die noch auf der Suche sind und die Verantwortung nur für sich alleine tragen. Sie werden von dem Gründer der Outdoor School extra geschult und erhalten regelmäßig Workshops.

Ein starkes Augenmerk wird auf Aufmerksamkeitsschulung und Charakterbildung gelegt. So sieht man die Guardians immer wieder mit verbundenen Augen durch den Wald laufen oder ähnliche Übungen absolvieren.

Mit der Zeit gesellen sich auch ältere Clanmitglieder zu ihnen, darunter auch ein Familienvater. Allerdings bleiben, was das Wohnen angeht, die jungen Leute unter sich. Ich habe das Gefühl, als wenn wir als Familien diese Leute bremsen und aufhalten. In den normalen Yearlongs geschehen die Dinge wesentlich schneller als hier mit so vielen unbeweglichen Familien. So wohnen die Yearlonger normalerweise nach drei Monaten nicht mehr in Zelten, sondern in aus Naturmaterialien gebauten Wigwams. Wir jedoch werden erst nach fünf Monaten in solch ein Wigwam umziehen. Streichhölzer werden auch wesentlich früher abgegeben und das Feuer nur noch mit dem Drillbogen angemacht, als wir es tun werden.

Kanu

Nachdem wir uns eingelebt haben und eine gewisse Routine eingekehrt ist, bekommen wir unsere Kanus. Es gibt große Kanus, die sich mit vier Leuten paddeln lassen. Und es gibt kleinere Kanus, die mit einer Person, maximal zwei Personen besetzt werden und sehr viel kippeliger sind als die großen Kanus.

Wir erhalten alle einen Einführungskurs und gleiten durch einen Kanukanal hinaus auf den See. Mit den Händen stützen wir uns im Kanukanal seitlich an der Erde ab und ziehen uns so immer weiter in Richtung See. Fast lautlos gleiten wir durch das Wasser. Tränen des Glücks kommen in mir hoch. Dies ist die Erfahrung, die ich hier machen will, Natur zu erleben, einzutauchen in die Wildnis. All die Belastung durch den Hunger und die vielen nervenden Gespräche wegen unseres vegetarischen Lebensstils lasse ich in diesem Moment hinter mir und genieße den Augenblick. Auf dem See nehme ich das Paddel in die Hand und warte auf die, die noch im Zauber des Kanukanals stecken. Vor mir sitzt einer meiner beiden jüngeren Söhne mit einer Schwimmweste. Alle Kinder, auch die, die schwimmen können, müssen eine Schwimmweste tragen.

Der Guide, der mit uns das Jahr im Camp verbringt, ist ein begeisterter Kanufahrer. Er wird uns die Grundlagen des Kanufahrens zeigen. Mir gefällt dieser Kurs nicht. Viel lieber will ich diesen Zauber, auf dem See zu gleiten, auskosten und ureigene Erfahrungen machen. Ich kenne die Lehrweise der Indianer eigentlich so, dass sie nie als Lehrer auftreten, wie es in unserer Kultur leider üblich ist. Vielmehr begleiten sie mehr oder weniger passiv den, der sich Wissen aneignen will. Auf Fragen bekommt man dort keine Antworten, sondern wird mit Gegenfragen maximal selbst auf die Antwort gebracht.

Durch Vorbild und Nachahmung wird dort gelehrt und gelernt. Eine ganz natürliche Art und Weise, die mir sehr sympathisch ist. In unserer Zeit kenne ich diese Art zu lernen als „Nichtdirektivität".

Ich hatte einige Jahre zuvor für meine Kinder eine Privatschule gegründet, die auf diesem Grundprinzip basiert. Meine Lebensphilosophie ist es, mit meinen Kindern so nichtdirektiv wie möglich umzugehen. Das erfordert ein hohes Maß an Achtsamkeit und mir gelingt es mal besser und mal schlechter. Eine schnelle Antwort auf ihre Fragen ist häufig der scheinbar einfachere Weg. Sich jedoch wirklich mit der Frage auseinanderzusetzen und zu versuchen einen Weg für und mit den Kindern zu finden, auf dem sie sich die Antwort selbst erlaufen können, ist aufwendiger. Jedoch wird das Kind sich den Weg so besser einprägen und sich bei der nächsten ähnlichen Frage nicht verlaufen. Es ist für den Begleiter und für das Kind auf den ersten Blick umständlicher und zeitaufwendiger.

Ich merke, dass es mich frustriert, wenn einer der Guides eine Antwort auf eine nicht gestellte Frage gibt. Viel befriedigender ist es für mich, den vermeintlich umständlicheren und schwereren Weg zu gehen, dadurch die Antwort selbst zu finden und sie zu durchleben. Ich bin verwundert darüber, wie viele Workshops von der Schule gehalten werden. Fast täglich kommt der Programmleiter ins Camp und wir sitzen stundenlang in Redekreisen. Seine Workshops sind sehr direktiv und lassen kaum Spielraum für eigene Erfahrungen.

Nach dem ersten „Kanuritt“ ist mir und unseren Kindern klar: „Das werden wir öfter machen!“, dann jedoch alleine.

Kinderkultur

Redekreise bestimmen unser Tagesgeschehen. Ein Redestab geht reihum und es dauert sehr lange, bis sich alle geäußert haben. Oft geht es dann noch in eine zweite oder dritte Runde. Vor allem für die kleinen Kinder ist das anstrengend. Sie müssen die ganze Zeit leise sein, bekommen kaum Aufmerksamkeit von uns und bleiben dadurch mit ihren Bedürfnissen häufig allein. Die Tage vergehen und ich habe kaum Kontakt zu meinen älteren Kindern. Lediglich zum Essen sehen wir uns kurz und nach Einbruch der Dunkelheit, wenn alle im Zelt liegen. Dann haben wir kurz Zeit über den vergangenen Tag zu reden.

Zuhause haben wir immer zwei Mahlzeiten am Tag. Diese Mahlzeiten bedeuten für uns als Familie Gemeinschaft, Austausch und Reflektion. Außerdem wird da viel gelernt, denn immer wieder erarbeiten wir gemeinsame Themen. Wir reden über Gott und die Welt und können uns intensiv den Kindern und all den Themen, die sie beschäftigen, zuwenden. Diese Zeit ist für uns sehr wichtig und wir haben hier das Gefühl, genau diese kostbare Zeit zu verlieren.

Was im Sinne des Clans ist, denn es soll sich eine Kinderkultur entwickeln. Hierfür wird ein Tarp für die Kinder aufgespannt, unter dem sie ihr eigenes Feuer machen können, um sich ihre Mahlzeiten selbstständig zu kochen und zu essen. An sich eine schöne Idee. Leider ist sie der Erwachsenenwelt entsprungen. Keines der Kinder äußerte den Wunsch danach. Es ist eher das Ziel der Eltern beziehungsweise der Teaching Drum Guides. Sie möchten das Clanleben nachempfinden. Und damals in den Clans hatten die Kinder ihre eigene Kultur.

Im Gegensatz zu einem natürlich, über Generationen gewachsenen Clan, sind wir hier jedoch eine bunt zusammen gewürfelte Gruppe auf Zeit.

Es wird in meinen Augen künstlich forciert und manipuliert, was eigentlich Raum und Zeit benötigt, um zu werden. Uns erscheint diese Kinderkultur wie ein Abklatsch aus der zivilisierten Welt. Oder ist es andersherum?

Mag sein, dass es in der Steinzeit wirklich so war, dass Kinder als Rudel gemeinsam groß wurden und die Erwachsenenwelt imitiert wurde. Diese Kinder wuchsen jedoch von klein an miteinander als Sippe auf und es war eine altersgemischte natürlich gewachsene Gruppe.

Hier jedoch sind Kinder aus verschiedenen Kulturen aufeinander gepurzelt, die Zeit brauchen anzukommen und sich einzuspielen. Eine Kultur muss wachsen dürfen, denke ich. Ob ein „an den Haaren ziehen", um das Wachstum zu beschleunigen, sinnvoll ist, bezweifle ich sehr stark.

Es wird sich herausstellen, dass sich die Kinderkultur über den gesamten Zeitraum trotz diverser Bemühungen einfach nicht etablieren kann. Immer wieder zieht es die Kinder dann doch zurück in den Clan.

Ein Clan in der Größe und Konstellation, wie wir es aktuell sind, bewegt sich wesentlich träger als eine Gruppe junger Menschen. Familien ticken anders. Mütter sehen die Welt durch andere Augen als junge Frauen. Junge Väter und junge Männer sind in ihrem

Erleben völlig anders. Der Fokus ist natürlicherweise verschieden.

Wir haben das Gefühl, dass der Programmleiter sein Programm, welches sich zweifellos in den dreizehn Jahren bewährt hat, auch mit uns durchziehen will. Die Grundvoraussetzungen sind jedoch andere und für meine Begriffe nicht auf beide Gruppen eins zu eins anwendbar.

Ein Beispiel für die verschiedenen Bedürfnisse von Singles und Eltern:

In einem Redekreis wird der Wunsch geäußert, dass man sich zu einem Morgenkreis trifft und dort den kommenden Tag gemeinsam bespricht. Bei Sonnenaufgang, wenn die ersten Vögel zwitschern, soll man sich am Feuer versammeln. Soweit die Theorie, die aufgehen mag, wenn die Gruppe aus Singles besteht, die abends brav ins Bett gehen und dann am frühen Morgen locker aus dem Schlafsack kriechen können. Die Familienrealität sieht jedoch etwas anders aus und das nicht nur bei uns. Wir schlafen mit sieben Kindern in einem Zelt. Wir sind das gemeinsame Schlafen durch unser Wohnmobil bereits gewohnt. Der Schlaf vieler Mütter gleicht eher dem eines Radargerätes. Dieses Radargerät scannt die gesamte Nacht die Familienmitglieder ab, um zu sehen, ob alles in Ordnung ist. Mein jüngerer Sohn schläft neben mir und muss nachts mehrfach Pipi machen. Ich stehe also mit ihm auf und wir gehen Pipi machen. Meine jüngere Tochter schläft häufig so fest und ist nachts so desorientiert, dass sie, wenn sie Pipi machen muss, den Zeltausgang nicht findet.

Im Wohnmobil geschah das auch einmal. Sie fand den Ausgang nicht und setzte sich kurzerhand einfach da, wo sie war, auf den Boden und pullerte los. Um dies hier im Zelt zu vermeiden, höre ich sie durch meinen Radar wie einen kleinen Tapsbär durch den grünen Wal poltern und verzweifelt den Reißverschluss suchen. Ich weise ihr in solchen Momenten den Weg und horche vor allem, ob sie den Weg zurück ins Zelt auch wieder findet! Denn auch das kam bereits vor, dass sie draußen vor dem Zelt weinte, weil sie nicht mehr wusste, wo der Eingang war.

Kaum ist es also wieder still, beginnt die andere Tochter im Schlaf zu reden. Dadurch wird unser jüngster Sohn wach und will an die Brust von meiner Partnerin, ein Dominoeffekt. Einer gibt dem anderen einen leichten Schubs und schon ist es unruhig. Meine Nächte sind also durchdrungen von diversen Wachphasen und ich bin glücklich, wenn ich zwei Stunden am Stück schlafen kann.

Wenn dann der erste Vogel um fünf Uhr oder noch früher zwitschert, interessiert mich das nicht im Geringsten. „Der frühe Vogel kann mich also mal".

Neben mir schläft ein Kleinkind, was mehr Schlaf als ich benötigt und erst gegen 22 Uhr schlafen kann, weil es bis dahin einfach zu unruhig im Camp ist. Würde ich jetzt aufstehen, um zum Morgenkreis zu gehen, würde er aufwachen (wir schlafen in einem Schlafsack) und somit den ganzen Tag wegen zu wenig Schlaf quengelig sein. Wenn ich mich herausschleichen könnte, ohne ihn zu wecken, könnte es passieren, dass er in den Schlafsack Pipi macht, weil niemand wie üblich neben ihm wäre und merken würde, dass er mal muss.

Und vor allem würde er alleine aufwachen. Diesen Zustand kennt er, seit er auf der Welt ist, nicht. Oft beobachte ich ihn beim Aufwachen und wir kuscheln dann erst einmal. Warum sollte ich das nun ändern? Damit ich mit den Clanleuten am Feuer sitze und den Tag bespreche? Was ist mir hier wichtiger? Wo liegt meine ehrliche Priorität? Mit all diesen Menschen bin ich eine begrenzte Zeit zusammen. Die Kindheit geht so schnell vorüber. Er wird so schnell groß werden und ich genieße die Zeit mit ihm, denn er ist mein letztes Kind. Ich bin nicht bereit das aufzugeben. Ich fühle mich durch die Erwartungshaltung des Clans unter Druck. Wir essen anders, befürworten eine natürliche Kinderkultur und lehnen eine künstlich herbeigeführte ab. Und nun auch noch die Weigerung zum Morgenmeeting zu kommen.

Als unsere drei ältesten Kinder noch zur Schule gingen und wir in der Tretmühle der Gesellschaft waren, sahen die Morgen ähnlich aus. Ein Wecker klingelte uns unsanft aus den Betten und riss uns gnadenlos aus den Träumen. Hektisches Frühstück, antreiben der müden Kinder, genervt sein und ab zur Schule.

Welches Aufatmen war es für uns, als wir dieser Tretmühle den Rücken kehrten und jeden Tag zum Sonntag erklärten. Wir hatten uns frei geschaufelt und unser Leben so kreiert, wie wir es wollten. Nun weckten uns die Sonne, die Vögel oder das erste Kind, was wach wurde. Wir hatten unseren eigenen Rhythmus.

Würde ich mich dem Clanrhythmus unterwerfen, wäre

das für uns ein Rückschritt. Und wieder erinnert mich das Clanleben an die zivilisierte Welt. Vielleicht bin ich doch schon zu wild, um mich hier anzupassen?

Wir machen den Vorschlag dieses Meeting abends zu machen. Das Konzept von Teaching Drum Outdoor School sieht jedoch seit dreizehn Jahren vor, sich früh zu treffen. Es besteht keinerlei Spielraum und wir erkennen keine Flexibilität. Es spielt keine Rolle, dass all die stillenden Mütter mit Kleinkindern damit überfordert sind. Das Programm hat seine eigenen Gesetze und Zeitpläne und wir müssen da irgendwie reinpassen.

Wir sind nicht die einzigen, die Probleme mit dem frühen Aufstehen haben. Auch zwei andere Clanfrauen, deren beiden Jungs neun und fünf Jahre alt sind, tun sich sehr schwer damit. Ein anderes Paar wechselt sich mit dem Morgenkreis ab und immer einer bleibt bei ihrem Sohn, damit er nicht alleine ist. Bei uns ist das nicht möglich, denn auch meine Partnerin stillt.

Meine Partnerin, die sich auch unter Druck fühlt, stiehlt sich eines Morgens schuldbewusst aus dem Schlafsack. Als unser Sohn aufwacht und seine Mama nicht da ist, reagiert er völlig verstört. Seine Ordnung ist gestört. Meine Partnerin ist auf Kosten dieses kleinen Jungen und zu Gunsten des Clans aus Pflichtgefühl gegangen. Kann und darf das sein? Wir sind um die 40 Jahre alt und müssen uns dem aussetzen? Gerade unser jüngster Sohn ist ein sehr feinfühliges Kind und braucht seine Sicherheit durch Kontinuität. Wir sind beide wütend und merken, dass wir die Kinder völlig überfordern. Wir werden unseren Rhythmus beibehalten. Clan hin oder her, es gibt Familien in diesem Clan, die einfach andere Bedürfnisse haben. Und ich bin der Meinung, dass man auf diese Rücksicht nehmen muss.

Zurück zum Thema Kinderkultur. Ich möchte meine Kinder begleiten und sehen, wie sie sich entwickeln und sie nicht nur abends wenige Minuten sehen und sie fragen: „Na, wie war dein Tag?“ Ich will ihre Tränen trocknen, mit ihnen lachen und möchte nicht von einem Fremden oder einem Clanmitglied erzählt bekommen, wie es ihnen ergangen ist. Das geht mir vor allem mit unseren beiden jüngsten Kindern so. Bei den älteren freut es mich, dass sie Spielkameraden haben. Doch auch bei Ihnen wünsche ich mir zumindest einen Punkt am Tag, an dem wir uns austauschen können. Hier in der Wildnis soll das Familienbild bewusst aufgelöst werden. Jeder hier soll die Vater- und Mutterrolle übernehmen. Das ist für mich ein Hirngespinst und reine Utopie. In einem gewachsenen Clan könnte das sicherlich so gelebt werden und wir machen ja den Versuch, das Leben unserer Urahnen nachzuempfinden.

Wie kann eine Frau, die ein Kind nur wenige Wochen erlebt hat, das gleiche Verhältnis zu ihm haben wie eine Mutter, die es unter ihrem Herzen getragen, unter Schmerzen geboren sowie viele Jahre mit ihm verbracht hat? All die Männer hier im Clan können mit der Zeit gute Freunde, der Onkel oder der große Bruder werden. Jedoch auch ein Vater? Ebenso die Frauen. Sie werden ein Vertrauensverhältnis zu den Kindern aufbauen können, doch das macht sie sicherlich nicht zu ihrer Mutter. Für Muttergefühle braucht es weitaus mehr und einen längeren Zeitraum, das ist meine Erfahrung.

Ich lebe nun mit den beiden leiblichen Töchtern meiner Partnerin seit acht Jahren zusammen und sie sind mittlerweile wie meine eigenen Kinder. Das brauchte Zeit. Meine Gefühle für sie mussten sich erst finden. Zu glauben, wir würden das mal kurz innerhalb weniger Monate schaffen, erscheint mir lächerlich und eine völlig abstruse Erwartung. Da ist ein Band zwischen meinen Kindern und mir. Wir sind bereits gemeinsam eine Lebensstrecke abgelaufen und ich bin nicht bereit, das mit jemandem zu teilen, der mal eben in unserem Leben vorbeischneit und in elf Monaten weggetaut sein wird, weil das Programm zeitlich begrenzt ist. Auch wenn ich sie nicht als meinen Besitz ansehe, so sind es doch in meinem Herzen „meine" Kinder.

Unsere drei Teenager haben kein Interesse an der Kinderkultur. Sie genießen es eher, mit den Erwachsenen zusammen zu sein. Und doch will man sie da hinein zwingen. Die beiden zehnjährigen Mädchen können mit dem Herumgeraufe der Jungs nicht viel anfangen und haben auch keine Lust mit ihnen eine Kinderkultur zu gestalten. Darauf wird jedoch keine Rücksicht genommen. Immer wieder wird betont, dass die Kinder Clankinder sind und der Clan im Gesamten für alle Kinder verantwortlich ist, um eben diese Familienstruktur aufzulösen. Fakt ist jedoch, dass dies so nicht in allen Bereichen konsequent durchgeführt wird und alleine dadurch schon an Glaubhaftigkeit verliert. Denn es ist so, dass die Kanus von allen Erwachsenen bezahlt werden. Die Kinder müssen nichts bezahlen. Das war für uns eine finanzielle Entlastung. In diesem Punkt gehören die Kinder also zum Clan und werden daher auch, was das Finanzielle angeht, von allen getragen. Jeder übernimmt hier die Verantwortung. Als sich der Clan jedoch mit Würmern infiziert und alle ein Mittel dagegen einnehmen müssen, tragen das die Familien für sich. Da fehlt der Clangedanke. Wir mussten also für neun Personen Wurmmittel für vier Behandlungen kaufen. Irgendwann bestehlen einige Kinder zwei Frauen, die am See zelten. Ich werde davon noch ausführlicher berichten. An dieser Stelle sei nur gesagt, dass die Kosten, den Schaden zu ersetzen, auch nur von den jeweiligen Eltern getragen werden.

Ich persönlich bin der Ansicht, dass ich die Verantwortung für meine Kinder trage und daher auch finanziell für sie aufkomme. Das ist völlig in Ordnung für mich. Ich finde es einfach nur inkonsequent und halbherzig und daher unglaubwürdig, was der Clan beziehungsweise Teaching Drum versucht umzusetzen. Denn wenn schon Clanleben und „alle Kinder sind die Kinder von allen“, dann bitte auch alle Kosten gemeinsam tragen.

Vielleicht war die Diskrepanz auch nur der kulturelle Hintergrund und großes aneinander vorbei reden. Wir als Deutsche sind da vielleicht etwas kühler und realistischer. Die Amerikaner vielleicht etwas sehr enthusiastisch und träumerisch? Bevor ich als „Deutsche“ zu jemandem sage: „Ich liebe Dich“, muss doch einiges mehr passieren als bei den Amerikanern, die das bereits nach fünf Minuten sagen. Und ein Amerikaner hat vielleicht kein Problem damit zu sagen: „Das sind meine Kinder“, weil er darunter etwas ganz anderes versteht als wir?

Einen letzten Punkt, was die Kinderkultur angeht, möchte ich hier auch noch erwähnen. In unserer Großfamilie ist es selbstverständlich, dass die Kinder im Alltag mit anfassen. Bewusst benutze ich hier nicht das Wort „helfen“, denn sie helfen uns nicht. Sie gestalten das Familienleben mit allen Facetten gleichermaßen wie wir Erwachsenen es tun. Wir machen alle gemeinsam Unordnung und dann ist es nur logisch, dass wir das auch gemeinsam beseitigen. Wir wollen alle ein warmes Zimmer, also liegt es nahe, dass alle sich daran beteiligen, dass wir genügend Holz dafür haben.

Hier jedoch im Familyyearlong sehen wir keines der Kinder wirklich eine Position einnehmen, in der es seinen Anteil am Zusammenleben übernimmt. Sie verbrennen sehr viel Feuerholz, sammeln jedoch nur sehr selten welches und werden auch nicht wirklich dazu angehalten. Das zieht sich durch das gesamte Clanleben. Wir sind da sehr konsequent und unsere Kinder sammeln selbstverständlich täglich Feuerholz und beteiligen sich am Gemeinwohl.

Ich enthäute ein Rehkitz

Heute kommt wieder ein Reh ins Camp. Wieder tot gefahren von einem Auto. Und wieder ist es ein trächtiges Reh. All meinen Mut zusammen nehmend, bitte ich darum, das Rehkitz zu versorgen. Eine junge Frau aus dem Clan wird mir dabei helfen, denn ich habe keinerlei Erfahrungen. Das ist eine riesen Überwindung für mich. Vor mir liegt dieses kleine Wesen, was nie die Chance bekommen hat, zu leben. Ich nehme es in meine Hände und trage es zu einem Platz, an dem ich das Fell abziehen kann. Es fühlt sich kalt, leblos, jedoch nicht steif an. Ich nehme mein Messer, mit dem ich auch mein Essen zubereite und hoffe den Griff nicht mit Blut zu tränken. Am Anus des kleinen Rehböckchens setze ich meine Klinge an und fahre dann in Richtung Kopf und enthäute Stück für Stück das Tier. Meine Gefühle habe ich irgendwo versteckt und ich handle via Autopilot. Der jungen Frau aus dem Clan, die das schon öfter gemacht hat, geht es irgendwie nicht schnell genug. Sie scheint nicht zu spüren, wie es mir damit geht und was für eine riesen Hürde ich da gerade nehme. Alles muss schnell gehen, weil sie das Reh kochen will und ich brauche eigentlich Ruhe und Zeit. Kaum liegt die Rehhaut neben dem nackten Körper, wird dieser schon abgeholt, um es zu kochen.

Mit der Haut in der Hand gehe ich wie betäubt zum See, um sie etwas abzuwaschen. Dort liegt auch das Fell der Mutter. Traurigkeit überfällt mich, als ich die beiden Häute nebeneinander lege. Niemals wird dieses Reh sein Kitz säugen und ihm die Welt zeigen. Das kleine Reh wird nie auf seinen eigenen Füßen durch die Welt staksen. Beide hatten keine Chance, diese

Erfahrungen zu machen.

Ich möchte die Rehkitzhaut zu Leder bearbeiten. Bisher habe ich in meinem Leben gerne Leder genutzt. Ich liebe meine Lederhose und meine Lederschuhe. Gedanken über die Herstellung habe ich mir kaum gemacht. Ähnlich wie das Steak, fein säuberlich abgepackt im Supermarkt, ist für mich bisher das Leder nur Leder. Den Ursprung habe ich nicht bewusst vor Augen. Nun also will ich den Prozess des Ledergerbens vollziehen.

Ich schabe das wenige Fett von der Haut. Dabei muss ich sehr vorsichtig sein, denn die Haut ist sehr dünn und ich kann schnell ein Loch hineinreißen. Danach beschmiere ich die Haut mit Eigelb und dehne sie. Wieder und wieder wiederhole ich diesen Vorgang, bis die Haut mehr und mehr wie Leder wird.

Wir haben einen Bereich im Camp, in dem wir Rehhäute bearbeiten und die Tiere ausgeweidet werden. Dort stehen große Holzböcke, auf denen die Felle liegen, um sie mit einem Schabmesser vom Fett zu befreien. Auf diesem Platz und bereits in einiger Entfernung stinkt es bestialisch.

Ich bin froh nur eine kleine Haut zu haben, die ich relativ schnell bearbeiten kann und zudem eine frische Haut, die noch nicht angegammelt stinkt.

Seit dieser Erfahrung schätze ich Leder sehr viel mehr. Mir ist bewusst, welchen Ursprung es hat und welchen Weg es gegangen ist.

Die Angst geht um

Mittlerweile sind fast zwei Monate vergangen, wir haben nach wie vor Probleme satt zu werden und bekommen das Thema einfach nicht in den Griff, im Gegenteil. Seit geraumer Zeit wird im Clan regelmäßig gestohlen. In fast jedem Redekreis wird das Thema Essen daher strapaziert und wir durchlaufen mehrere verzweifelte Phasen, der Sache mit dem Diebstahl Herr zu werden.

Seit jeder das nehmen soll, was er benötigt, sind oft an dem Tag, an welchem die Essensration für zwei Tage kommt, bereits am frühen Mittag keinerlei Nüsse mehr da und auch beim Obst reicht es nicht, dass alle Clanmitglieder beide Tage etwas davon abbekommen.

Meine dreizehnjährige Tochter schreibt in dieser Zeit folgendes in ihr Tagebuch: „Viel habe ich heute eigentlich nicht gemacht. Ich habe das Gefühl, dass ich nur von einem Ort zum anderen wanderte, ohne tatsächlich etwas zu tun. Es ist jedoch der vierte Tag, dass wir uns das Essen selber nehmen und heute hatte ich es satt! Das einzige Mal, wo ich ein Ei zum Dinner hatte, war, als wir bei den anderen Seen waren. Ansonsten hatte ich nicht einmal Nüsse oder eine Frucht. Also habe ich mir heute Morgen eine Banane, eine Hand voll Nüsse und ein Ei in meine Tasche gestopft und habe es mir aufgehoben bis zum Dinner, was ja eigentlich nicht erlaubt ist. Nur so bekomme ich wenigsten einen Teil meiner Ration. Zum Redekreis bin ich heute gekommen, weil es um die neue Esseneinteilung geht und ich gerne etwas sagen möchte. Ich sagte, dass ich die neue Abmachung nicht gut finde, ich hatte schon seit einiger Zeit nicht genug bekommen."

Wir beobachten in dieser Zeit, dass unsere und auch die anderen Kinder im Clan meist lustlos und ohne Energie am Feuer herum sitzen und kaum noch spielen. Ihre Unterhaltungen kreisen, wie auch bei den Erwachsenen, nur um ein Thema: Essen.

Das Gemüse und Obst liegt gekühlt in sogenannten „Foodpits". Das sind Löcher, die mit einem Grabstock gegraben werden und mit Birkenrinde ausgekleidet sind. Oben drauf ist ein Deckel, der aus Stöcken und Birkenrinde gebaut ist. Diese Gruben verhindern, dass Düfte in die Nase eines Bären steigen. Sie sind also nicht nur Kühlschrank, sondern dienen auch zu unserer eigenen Sicherheit.

Die Nüsse lagern wir in ausgehölten Baumstämmen, sogenannten Nutpits, die senkrecht ein wenig in die Erde eingelassen sind. Somit sind sie einigermaßen sicher vor den frechen Eichhörnchen und Streifenhörnchen.

Wir haben mehrere dieser Foodpits und Nutpits und sie befinden sich in der Nähe der Feuerstellen und werden den ganzen Tag misstrauisch beobachtet. Nach einigen Tagen ist es uns als Familie zu blöd. Wir haben sowieso schon weniger Essen, weil wir nach wie vor vegetarisch leben. Wir brauchen unseren Anteil. Daher entscheiden wir uns als Großfamilie, unseren Anteil gleich in der Frühe eines jeden Fooddrops herauszunehmen. Wir gehen dann den Rest der Zeit gar nicht mehr zur Foodpit.

Wir vermuten, dass es Kinder sind, die sich mehr nehmen. Stehlen scheint für mich das unpassende Wort hierfür. Sie haben schlicht weg Hunger und sie tun mir leid, überhaupt zu diesem Verhalten zurückgreifen zu müssen. Ich sehe den Fehler bei uns Erwachsenen und bin erstaunt über einige Reaktionen im Clan. Singles hinterfragen, warum ein Kleinkind ein ebenso großes Stück Fleisch bekommt wie sie. Eltern von einem kleinen Jungen zählen penibel ab, wem welches Stück Obst gehört und geben ihrem Sohn, der voller Hunger ist, nichts von ihrem Anteil ab.

Meine Partnerin und ich verzichten meist auf unser Obst und geben auch von den Nüssen den Kindern ab. Das ist auf die Menge unserer Kinder natürlich für jedes Kind nur ein wenig mehr, jedoch fühlen wir uns besser damit.

Kinder sollten je älter sie werden an Gewicht zunehmen, ein Abnehmen ist in ihrem Alter nicht gesund und auch nicht angebracht, weil sie ja wachsen. Ich jedoch sehe unseren Kindern bereits jetzt schon an, dass sie abnehmen, das kann nicht gesund sein. Immer wieder fragen meine Partnerin und ich uns, wie lange wir das mitmachen.

Manchmal gibt es Melonen und diese werden aufgeteilt. Bleibt ein Stück übrig, wird heftig diskutiert, wer nun dieses Stück erhält. Wir sprechen uns immer für die Kinder aus. Andere Erwachsene sehen das häufig nicht ein. Und so kommt es manchmal vor, dass der Clan entscheidet, ein kleines Stück Melone in 42 Teile zu teilen!!!

Viele sind sich selbst der Nächste und haben als Erwachsene richtiggehend Panik, zu kurz zu kommen. Diese Reaktionen sind teilweise beängstigend. Das Thema Essen hat eine immense Macht, nimmt fast den gesamten Denkraum im Clan ein und ist das Hauptthema schlechthin. Wir sind genervt. Genervt, dass geklaut werden muss vor lauter Hunger. Genervt, dass die Erwachsenen nicht fähig sind mit der Situation umzugehen und sich oft vorne anstellen und die Kinder, die schwächer sind, ignorieren. Genervt, dass dieses Thema den ganzen Tag durchdringt und alles infiziert und einnimmt und kaum Raum für schöne Dinge lässt. Wir warten darauf, dass sich die ganze Situation endlich entspannt, denn es ist erschreckend, wie sich Menschen durch Hunger verändern.

Irgendwann bekommen die Kinder einen eigenen Fooddrop. Unsere Kinder wollen jedoch nicht daran teilnehmen und das aus gutem Grund. Am Tag des Fooddrops essen die Kinder ihre gesamte Fruchtration auf. Sie haben Angst, dass sie am nächsten Tag nichts mehr bekommen, weil sie beklaut werden. Sie überfressen sich also am ersten Tag und manche Kinder schmeißen Melonenreste weg, an denen noch rotes Fruchtfleisch zu sehen ist, weil sie es nicht mehr schaffen zu essen. Am nächsten Tag haben sie dann keinerlei Obst mehr.

Ein vierzehnjähriger Junge, der sich sehr auf das Familienjahr gefreut hat und ein richtiger Naturbursche ist, baut in dieser Zeit mental und auch körperlich immer mehr ab. Der Hunger setzt ihm schwer zu und er wird zunehmend apathisch und depressiv. Er ist gemeinsam mit seiner Mutter und seinem fünfjährigen Bruder hier. Als sein Vater zu Besuch kommt und seinen Zustand sieht, bricht der Junge das Programm ab und fährt mit seinem Vater nach Hause. Für mich ist seine Entscheidung ein absolutes Alarmsignal. Niemals hätte ich gedacht, dass ausgerechnet er gehen würde. Daran erkenne ich, wie schwer es hier für die Kinder ist. Er entscheidet, seine Mutter über ein halbes Jahr lang nicht mehr zu sehen, nur um dieser Hölle zu entkommen. So kommt es mir vor.

Redekreis wegen und über uns

Mal wieder sitzen wir in einem nicht enden wollenden Redekreis, in dem es wieder einmal um das leidige Thema Essen geht. Plötzlich fällt alle Aufmerksamkeit auf uns. Eine Frau aus dem Clan fragt uns, warum wir eigentlich hier wären, wenn wir kein Fleisch essen würden? Es klingt wie ein Vorwurf. Wir sind anders und stören den Frieden der Gruppe, weil wir nicht so leben wie sie. Vielleicht halten wir ihnen einen Spiegel vor die Nase und es ist ihnen unangenehm, dass man eigentlich viel länger ohne Fleisch zurechtkommt als sie denken? Wir fühlen uns als Vegetarier nicht angenommen und akzeptiert wie wir sind, sondern haben das Gefühl falsch zu sein.

Wir versuchen zu erklären, dass für uns das Yearlong nicht nur diese eine Facette hat und unser Schwerpunkt die Naturerfahrung, das Leben draußen ist. Wir akzeptieren die Ernährungsform und versuchen mit ihr klar zu kommen, um diese Wildniserfahrung machen zu können.

Der Guide fragt uns auf einmal, was wir tun würden, wenn wir nicht umhin könnten und Fleisch essen müssten. Er fordert eine sofortige Entscheidung von uns. Wir fühlen uns vor den Kopf gestoßen, denn auch wenn wir Hunger haben, haben wir nicht gemurrt. Wir sind auch nicht die einzigen, die unter Hunger leiden. Wir sitzen alle im selben Boot und alle nehmen gleichermaßen ab. Meine spontane Antwort, die ich darauf hin gebe ist, dass wir dann gehen würden.

Zwei Tage später, nachdem ich die Situation in Ruhe für mich reflektiert habe, treffe ich eine Entscheidung für mich und teile sie dem Clan mit:

Zu Beginn dieses Programms wurde uns gesagt, dass wir all unsere Erfahrungen aus der Zivilisation hinter uns lassen sollen. Dazu gehört, dass aller Schmuck abgelegt wird und auch innerlich dieser Lebensschmuck hinter sich gelassen werden soll. Ich habe damals sogar meine Dreadlocks abgeschnitten. Das Familyyearlong sollte für uns ein Erlebnis sein, als wenn wir auf einer einsamen Insel gestrandet sind. Diese Bilder helfen, Klarheit in mir zu finden. Ich bin gestrandet auf dieser Insel mit all diesen Menschen.

Ich schnitze einen Holzschlüssel, der symbolisch für die Hintertür, die ich mir bisher gelassen hatte, steht. Ich will diese Hintertür schließen, mich ganz auf dieses Abenteuer einlassen und an und über meine Grenzen gehen. Ich will mich mit mir selbst und meinen Ängsten konfrontieren, ohne ausweichen zu können. Ich will, dass der Clan sich auf mich verlassen kann und weiß, dass ich nicht beim ersten unüberwindbaren Hindernis gehen werde.

In diesem Redekreis verbrenne ich also den Schlüssel. Ich werde offen sein für das, was kommen wird. Ist für mich der Punkt erreicht, Fleisch essen zu müssen, werde ich es tun. Der einfache Weg auszuweichen und das Programm zu verlassen, ist für mich nicht mehr betretbar. Doch ich möchte bewusst erst dann Fleisch essen, wenn es nicht mehr anders geht. Wann und ob dieser Punkt jemals eintrifft, möchte ich selbst entscheiden.

Dieser Schritt hilft mir ganz hier zu sein. Auch wenn es nach wie vor zu abstrakt ist, mir vorzustellen, dass ich oder meine Kinder Fleisch essen.

Trotz meiner Entscheidung bin ich mir bewusst, dass

ich nicht alleine bin. Bereits in Deutschland hatten meine Partnerin und ich darüber gesprochen, was wäre, wenn einer von uns nicht die Kraft dazu hätte, das Yearlong durchzuhalten. Wie würden wir damit umgehen, wenn wir merken, dass einer in unserer Familie überfordert wäre? Dass von neun Personen alle neun Personen durchhalten, ist nicht unbedingt wahrscheinlich.

Wir kamen damals zu keinem Ergebnis. Und auch jetzt habe ich dafür keine Antwort.

Erziehungsmethoden

Bereits in den ersten Tagen wird klar, dass es hier verschiedene Erziehungsmethoden gibt. Ich liebe meine Kinder über alles und bin eher als „Gluckmutter" einzustufen. Dafür mag es zwei Gründe geben. Der eine Grund liegt in meiner Kindheit:

Als ich drei Jahre alt war, waren meine Eltern berufstätig. Vor allem, um sich ihren Lebensstil mit Reiheneckhaus, zwei Autos und einmal im Jahr Urlaub leisten zu können. Ich litt sehr darunter und wuchs als Schlüsselkind auf. Meine Eltern arbeiteten in sogenannter Gegenschicht. Einer hatte Früh-, der andere Spätschicht. Dazwischen waren etwa anderthalb Stunden, in denen ich alleine war. Zunächst ließen mich meine Eltern einfach allein in der Wohnung. Bis eines Tages mein Vater aus der Frühschicht kommend von den aufgeregten Nachbarn empfangen wurde. Sie standen vor dem Haus, in dem wir damals wohnten, ein fünfzehnstöckiges Hochhaus und wiesen auf den elften Stock, in dem wir unsere Wohnung hatten. Dort aus dem Balkon flogen in regelmäßigen Abständen Spielsachen auf den Boden, der schon übersät war mit diversen Stofftieren und Fahrzeugen. Die Ursache war natürlich schnell klar und wohl auch ebenso schnell die Gefahr, in der ich mich befand. Schließlich hätte ich einen Stuhl an das Balkongeländer schieben können, um besser zu sehen, wie schön die Dinge fliegen konnten, die ich da eins nach dem anderen runterschmiss. Nicht auszudenken, was dann hätte passieren können. Ab diesem Tag wurde ich zu meiner eigenen Sicherheit im Kinderzimmer eingeschlossen. Eines Tages musste ich ein großes Geschäft erledigen und habe dieses in die Spielzeugtruhe verrichtet. Als Toilettenpapier diente mir das Kleid eines Clowns.

Als ich etwa vier Jahre alt war, wurde meine Mutter regelmäßig zur Arbeit mit einem Auto abgeholt. Ich begleitete sie dorthin und war sehr traurig darüber, dass sie gehen würde. Ich krabbelte ins Auto und klammerte mich darin so fest wie ich konnte an sie. Der Fahrer war jedoch viel stärker, zog mich mit seinen starken Armen heraus und stellte mich neben das Fahrzeug, während die Türen von innen verriegelt wurden und ich dem Auto weinend und schreiend hinterher blickte.

Ein anderer Grund ist, dass ich, als mein ältester Sohn fünfzehn Monate alt und ich in den ersten Wochen mit meiner ältesten Tochter schwanger war, lebensbedrohlich erkrankte. Mit dem Tod im Nacken wurde mir noch mehr bewusst, wie kostbar es ist, meine Kinder aufwachsen zu sehen. Die Selbstverständlichkeit, einander zu haben, löste sich im Nichts auf und der Boden unter mir wankte.

Daher bin ich gerne mit meinen Kindern zusammen. Gerade in einer Großfamilie ist es jedoch wichtig, einen gewissen Zug in der Erziehung zu haben, denn ansonsten hat man eine ganze Meute Kinder, die einem das Nervenkostüm verknoten. Wir legen daher großen Wert auf eine „gute Erziehung“.

Unsere Kinder können sich in einem von uns vorgegeben „Raum“ frei bewegen. Wir haben wenig Grenzen und wenig „Neins“. Diese jedoch sind unumstößlich und haben nachvollziehbare Konsequenzen, wenn sich ein Kind entscheidet, sie nicht einzuhalten.

Unsere Kinder sind sich bewusst, dass diese Konsequenzen wirklich stattfinden werden. Dies gibt ihnen Sicherheit und hilft ihnen in der Entscheidungsfindung, wie sie sich in der einen oder anderen Situation verhalten wollen.

Als eine unserer älteren Töchter als fünfjährige keine Lust hatte sich anzuziehen und herumtrödelte, obwohl wir sie zum Waldkindergarten fahren mussten, sagten wir ihr, wenn sie nicht fertig ist zur Abfahrtszeit, dann würde sie so, wie sie bis dahin angezogen ist, mitgehen.

Sie testete diese Grenze und alle anderen Kinder nahmen passiv an dieser Fortbildungsmaßnahme teil und schauten gespannt, was passieren würde. Als alle fertig waren, saß sie noch in Unterwäsche mit einem Trotzgesicht auf dem Boden. „Wir gehen jetzt“ und mit diesen Worten nahm meine Partnerin ihre Hand und sie gingen wie jeden Morgen gemeinsam zum Auto. An diesem Morgen jedoch erfuhr sie, wie es ist, bei Regenwetter und in Unterwäsche zum Auto zu laufen, sich dort anschnallen zu müssen und dann am Waldkindergarten abgesetzt zu werden mit einem Päckchen Kleidung unter dem Arm. Nie mehr wieder hat das eines der Kinder gemacht. Ihnen war allen klar, dass es doch besser ist, die Kleidung am Leib anstelle unter dem Arm zu tragen.

Diese klare Linie unterscheidet sich zweifellos von einer weichgespülten Erziehungsmethode. Wenn man jedoch mit einem solchen Rudel Kinder, wie wir es nun mal haben, irgendwohin eingeladen werden will, also jemand den Mut hat, eine Großfamilie einzuladen, dann sicher nicht, wenn diese sich nicht zu benehmen weiß.

Sehr oft bekommen wir ein überaus positives Feedback und werden immer wieder auf unsere Kinder angesprochen. Viele Menschen sind erstaunt über sie, weil sie so anders sind, eine andere Ausstrahlung haben. Wie wir das hinbekommen würden, fragte uns eines Tages eine völlig entnervte Mutter in der Sauna. Sie hatte nur ein Kind und bekam dieses nicht in den Griff. Es hüpfte im wahrsten Sinne des Wortes über sämtliche Tische und Bänke. In einer Sauna ziemlich unangebracht. Wir saßen in eben dieser völlig entspannt mit unseren Kindern. Sie benahmen sich leiser wie manch anderer Erwachsener und das irritierte die Mutter. Denn dadurch fielen sie und ihr Kind nur noch mehr in negativer Form auf.

Man kann sich die Begleitung der Kinder schwer oder leicht machen. Wir gehen in unseren Augen den leichten Weg, klar und konsequent.

Hier nun sehen wir Kinder, die unseres Erachtens kaum Struktur kennen und aus Unsicherheit ein sehr anstrengendes Verhalten an den Tag legen. Fünfjährige, die herumquengeln und nicht in der Lage sind, ihre Bedürfnisse verbal zu artikulieren. Schulkinder, die von den Eltern angezogen werden. Unsere Kinder ziehen sich, seit sie etwa zwei Jahre alt sind, komplett selbstständig an und aus. Warum sollte ich meinem Kind die Socken anziehen, wenn es das kann? Natürlich haben sie auch manchmal keine Lust, es ist anstrengend und die olle Socke will nicht auf das Füßchen. Manchmal sieht dieser Kampf aus, als wenn man zwei Magnete mit den falschen Seiten versucht aneinander zu bekommen. Würde ich es dann machen, würde ich mein Kind entmündigen und beunfähigen. Ihm zeigen, dass ich es besser und schneller kann. Welches Gefühl gebe ich ihm damit? Oft habe ich bei solchen Eingriffen das Gefühl, dass es lediglich die Nerven der Eltern beruhigt, denn sie können es schlecht aushalten, dass es nun mal mehr Zeit für diesen „einfachen Handgriff" benötigt und nehmen ihm, um ihrer selbst Willen, die Tätigkeit ab. So erscheint mir das Thema „hilf mir es allein zu tun" immer auch ein Thema des Erwachsenen, der hierbei Geduld lernen und üben kann. Dabei stelle ich mich ganz vorne in der Reihe an, denn auch für mich ist vieles eine Geduldsprobe und ein Training.

Hier nun sehen wir einige andere Erziehungsmethoden:

Ein Kind im Clan darf einfach alles tun. Im Redekreis beschmeißt es mit einem Lächeln die Clanmitglieder mit Asche und Erde. Dabei beobachtet und analysiert er haargenau die Reaktionen. Er versucht seine Grenzen abzustecken. Keiner im Clan getraut sich, ihm eine Grenze zu geben und die Eltern fühlen sich dazu auch nicht berufen. Schließlich soll nun die Erziehung Clansache sein. Manchen Clanmitgliedern wächst innerlich der Kamm und ihre Innentemperatur steigt spürbar kontinuierlich zum Siedepunkt. Dennoch trauen sie sich nicht etwas zu sagen und lächeln nur. Als der kleine Dreikäsehoch schließlich das Diktiergerät, was immer in der Mitte des Redekreises die Gespräche aufzeichnet, mit Erde und Asche bedeckt, erstaunt mich die Reaktion vom Programmleiter. Er sagt „nein“ zu ihm und dieses „nein“ wird begleitet mit einem gütigen Lächeln. Wie soll der Junge das verstehen? Ein „nein“ ist nur dann klar, wenn auch der Gesichtsausdruck ein „nein“ ausdrückt. Unbeeindruckt macht der kleine Knabe also weiter mit seiner Aktion. Warum auch nicht?!

Unsere Jungs sind im selben Alter wie er. Auch sie interessieren sich für das Diktiergerät. Wir haben es ihnen einmal gezeigt und danach war klar, dass sie es liegen lassen, woran sie sich auch halten. Während der andere Junge also seine Grenzen testet, sitzen unsere beiden Jungs auf unserem Schoß und sehen wie wir dem Schauspiel interessiert zu.

Manchmal in diesen Momenten, wenn all die Erwachsenen den anderen Jungen so anlächeln, würde ich gerne in ihre Köpfe sehen. Oder würde sehen wollen, wie sie reagieren würden, wenn sie mit diesem Knirps alleine wären und mit ihm machen könnten, was sie wollten. Ich kann mir vorstellen, dass da durchaus gewisse Diskrepanzen zu erkennen wären!

Wir besitzen keinen Fernseher und waren als Familie viel unter uns. Nun haben wir quasi eine Daily Soap in der Wildnis und amüsieren uns köstlich. Endlich mal etwas anderes als das Thema Essen!

Mit der Zeit wird dieser kleine Junge immer unbeliebter und die Ablehnung ihm gegenüber wächst. Er nervt. Er ist zunehmend ein Thema in den Redekreisen. Seine Eltern erzählen, dass er wegen seines Benehmens bereits aus mehreren Kindergruppen in der Zivilisation ausgeschlossen wurde.

Wenn unsere beiden Buben streiten, gehen wir nicht dazwischen und lassen sie ihren Konflikt weitestgehend selbst klären. Wir spielen uns also nicht zum Schiedsrichter auf oder lassen uns in das „Spiel“ Streit verwickeln. Es sei denn, wir merken, dass der Streit ein Ausmaß erreicht, in dem es zu wirklichen Verletzungen kommen kann und akute Gefahr für Leib oder Seele besteht. Was wirklich höchst selten, wenn überhaupt mal, vorkommt. Wir sind da relativ entspannt, bei sieben Kindern und dementsprechender Erfahrung keine wirkliche Kunst. Doch es gibt eine Tonlage in der Stimme eines jeden Kindes, an der jede Mutter und jeder Vater instinktiv hört, „so, jetzt ist wirklich etwas ernsteres im Gange“. Geschieht genau das, dann vermitteln wir zwischen den Streithühnern oder Streithähnen.

Ständig gerät also dieser Junge mit den anderen Kindern aneinander. Häufig ist er nicht weit entfernt, wenn ein Kind weint. Eines Tages rappelt es zwischen ihm und unserem jüngsten Sohn und wir beobachten passiv das Geschehen. Dann kommt es zu einer Situation, in der sich unser Sohn völlig überfordert fühlt und wir hören an seinem Schreien, dass er panische Angst hat. Der andere Junge sitzt auf ihm. Unser Sohn wiegt zu diesem Zeitpunkt etwa zwölf Kilogramm und der andere Junge etwa zwanzig Kilogramm. Unser Sohn hat eine Trichterbrust und somit von Grund auf bei Anstrengung eher Schwierigkeiten mit der Atmung. Der andere Junge sitzt lachend auf ihm, während unser Sohn keine Luft mehr bekommt. Seine Mutter fühlt sich nicht berufen einzugreifen und sieht dem ganzen gelassen zu.

Kurze Zeit später hat der Junge den anderen unserer jüngeren Söhne in der Zwinge. Mit einem großen Stock und Drohgebärden tut er so, als wenn er ihm wehtun will. Unser Sohn versucht, aus dieser Situation zu entkommen. Er steht eingeklemmt zwischen Bäumen und der einzige Ausweg ist durch den anderen Jungen versperrt. Panik steigt in ihm auf, denn der andere Junge hält jetzt Steine in der Hand und unser Sohn hat wirklich Angst, getroffen zu werden. Diesmal schaut sein Vater zu ohne einzugreifen.

Kurze Zeit später streiten sich die Eltern des Jungen lautstark vor allen. Die Mutter sagt, dass sie ihren Sohn gerade nicht ertragen kann und sie Zeit für sich braucht. Ihr Sohn steht daneben und mich macht diese Situation traurig. Was macht er mit dieser Aussage seiner Mutter?

Genauso geht es zwei anderen Eltern. Die beiden haben eine gemeinsame Tochter als Kind, sind jedoch kein Paar mehr. Immer wieder höre ich sie sagen: „Ich brauche hier Unterstützung, wie soll ich reagieren, kann mir jemand helfen?“ Wie soll ihre Tochter Sicherheit gewinnen, wenn ihre Eltern derart unsicher sind? Immer wieder stößt die Mutter ihre Tochter entnervt von sich, mit Wut im Gesicht und klarer Ablehnung. Der Vater scheint oft den Tränen nah, weil er sich in seiner Vaterrolle überfordert fühlt. Nach außen hin ist er ein großer Mann, ein Wikinger. Doch seine kleine Tochter wächst ihm über den Kopf. Sie sucht eine starke Hand, Schultern, die sie tragen und auf die sie sich verlassen kann. Er scheint damit nicht klar zu kommen.

Diese beiden Elternpaare entwickeln ein Konzept des sich gegenseitigen Unterstützens mit den Kindern. Jeden Tag ist einer von ihnen gemeinsam mit einem anderen Clanmitglied für die beiden Dreikäsehochs zuständig und verbringt den Tag mit ihnen. So sind sie alle entlastet und der Clan ist mehr mit eingebunden und soll so in die Elternrolle hineinwachsen.

Trotz unserer sieben Kinder waren wir nie an dem Punkt, uns derart überfordert zu fühlen und können nicht verstehen, warum man mit nur einem Kind überfordert sein kann? Vielleicht ist es genau dieser Umstand? Man ist Alleinunterhalter für das Kind. In einer Familie mit Geschwistern kommt man nicht in diese Position.

Der Clan möchte gern, dass wir uns dieser „Kindergartengruppe" anschließen. Meiner Partnerin und mir kräuseln sich die Fußnägel bei dem Gedanken, dass wir hier nun auch noch einen Kindergarten, also eine Art Aufbewahrungsstätte für unsere Kleinsten, bekommen sollen und lehnen dankend und klar ab. Natürlich wollen und brauchen auch wir einmal unsere Ruhe. Dann übernimmt eine von uns die beiden Jungs und die andere hat dann Zeit für sich.

Eines Tages im Redekreis fragt die Mutter des kleinen Mädchens, wer sie am nächsten Tag begleitet mit ihrer Tochter und dem anderen Jungen. Der Junge bekommt das mit und sagt, dass er nicht mit will. Er will bei seiner Mama bleiben und fängt an zu weinen.

Ab diesem Zeitpunkt wird beschlossener Weise nur

noch mittels Codewörtern eine Hilfe für die Kleinkindbetreuung gesucht. Morgens dann wird der Junge mit Tricksereien und Lügen von seinen Eltern weggelockt und muss dann zwangsweise mit den Betreuern des Tages mitgehen. In unseren Augen ist das unfair ihm gegenüber. Er äußert sein Bedürfnis sehr klar und wird damit jedoch allein gelassen beziehungsweise sein Bedürfnis wird übergangen.

In Deutschland kennen wir eine Familie, deren kleines Töchterchen in den Kindergarten sollte. Sie fühlte sich sehr unwohl und wollte nicht ohne den Papa dort bleiben. Die Erzieherin schickte den Vater weg und sagte, dass sich die Kleine schon beruhigen würde. Es wäre reine Gewohnheitssache. Er ging mit einem unguten Gefühl, blieb an der Tür stehen, hörte wie seine Tochter nach ihm rief und sich auch nach längerer Zeit nicht beruhigen wollte. Dies wiederholte sich tagelang. Bis er sich entschloss, sie nicht mehr dorthin zu bringen und auf seine Tochter hörte und ihre Signale ernst nahm. Das berührte mich zutiefst und ich spürte die Liebe und Zuneigung des Vaters zu seiner Tochter und sein Vertrauen in sie und in seine Herzensstimme.

Umso betroffener bin ich über das, was sich hier nun jeden Tag abspielt. In einem Gespräch sagt die eine Mutter mir, dass sie nicht weiß, ob das richtig sei, was sie da mit ihrem Sohn macht. Sie hört eben auf das, was der Programmleiter ihr empfiehlt. Sie kennt ihr Kind besser als er und dennoch stellt sie sein Urteil über das Urteil ihres eigenen Herzens?

Etwas zerbricht

Irgendwann vermutet eine Frau aus dem Clan schwanger zu sein, was sich schließlich auch durch einen zivilisierten Schwangerschaftstest bestätigt. Wir sind sehr überrascht darüber, dass man in der Steinzeit mittels eines Schwangerschaftstests dann doch auf die heutige Medizin zurückgreift beziehungsweise vorgreift. Uns erscheint dies als unnatürlich und fehl am Platz. Immer wieder hinkt dieses Experiment gewaltig.

Selbstverständlich würden wir in einer lebensbedrohlichen Situation medizinische Hilfe annehmen, jedoch ist für uns eine Schwangerschaft kein solches dramatisches Ereignis. Noch verwunderlicher ist für uns, dass die Frau und ihr Partner sich nicht sicher sind, ob sie das Ungeborene austragen wollen. Sie ziehen eine Abtreibung in Erwägung, natürlich in einer Klinik.

Nicht für jeden ist es selbstverständlich, einem Kind das Leben zu schenken. Wir sind sehr dankbar für alle unsere Kinder und können uns in keiner Weise vorstellen, ein Kind abzulehnen. Wir haben kein Verständnis für die beiden Erwachsenen, die bereits Eltern sind und keine jungen Teenager. Wir haben die Einstellung, dass man zu seinen Taten stehen und die Konsequenzen seines Verhaltens tragen soll. Wer mit jemandem schlafen will, sollte sich bewusst sein, dass Leben entstehen kann. Ist man das nicht, sollte man auch keinen sexuellen Kontakt pflegen, der zur Schwangerschaft führen kann. Schließlich gibt es auch, ohne auf den Spaß verzichten zu müssen, andere Möglichkeiten intim zu sein und doch nicht das Risiko einzugehen, ein Baby zu bekommen.

Im Clan wird diese Schwangerschaft heiß diskutiert

und es wird ein Redekreis anberaumt, bei dem jeder seine Wahrheit äußern kann. Ein Clanmitglied sagt, dass sie nicht glaubt, dass der Clan reif genug für ein Kind sei. Dass der Clan damit so gut wie nichts zu tun hat, denn wir lösen uns ja in wenigen Monaten wieder auf, scheint dabei nicht zu zählen. Viele andere sprechen den beiden ihre unvoreingenommene Unterstützung zu, ganz egal, ob sie nun das Kind behalten oder es abtreiben. Nur wenige äußern sich gegen eine mögliche Abtreibung.

Viele der anwesenden Frauen – erschreckend viele - haben selbst eine Abtreibung durchlebt, meist als sie jung waren. Die meisten der Frauen bereuen es mit Tränen in den Augen zutiefst. Andere Frauen haben scheinbar keine Probleme mit der Abtreibung und unterstützen die beiden in ihrem Zweifel.

Wir verstehen die Welt nicht mehr! Sind wir hier nicht im FAMILIENWILDNISJAHR, in dem wir als Clan leben wollen und den Versuch unternehmen, gemeinsam eine Familie zu werden?!

In diesem Redekreis fällt mir das Lied von Rolf Zuckowski „Du bist ein Wunschkind" ein und mit Tränen in Herz und Stimme singe ich dieses Lied für die beiden, für diese kleine Familie, in der Hoffnung, dass sich in ihrem Herzen etwas bewegt.

Meine Partnerin und ich haben viel miteinander gesprochen, was dieses Ungeborene angeht und sind uns einig darüber, dass wir das Kind aufnehmen würden in unsere Familie und es wie unser eigenes groß ziehen würden, wenn die beiden Eltern tatsächlich nicht in der Lage wären, es anzunehmen. Dies äußern wir in diesem Redekreis. Für uns ist genau dies der Sinn dieses Programms, für einander da sein, sich unterstützen. Die beiden entscheiden sich jedoch gegen das ungeborene Leben. Sie werden abtreiben. Unser Angebot lehnen sie ab, weil sie dann das Wildnisjahr nicht zu Ende machen könnten. Es passt für sie im Moment einfach nicht. Sie meinen, in der Kontaktaufnahme mit dem Baby wäre das Kind einverstanden damit, dass sie es töten. In wenigen Tagen werden sie in eine Klinik fahren und dann das Kind abtreiben. Sie äußern den Wunsch danach, eine Abschieds- und Trauerzeremonie zu veranstalten. Uns fehlen die Worte und wir sind fassungslos. Wieder geht der Redekreisstab herum und alle Clanmitglieder, bis auf einzelne, sagen ihre Unterstützung zu. In mir schreit alles. Noch einmal versuche ich, Partei für das Baby zu ergreifen. Hier wird in meinen Augen von Erwachsenen ein Mord an einem Baby geplant! Zwei Menschen handeln unvorsichtig und die Konsequenz dafür passt gerade mal nicht in ihr Leben. Das Kind bezahlt mit seinem Leben und gibt auch noch seine Zustimmung?!!! Das ist mir zu viel. Ich kann daran nicht glauben. Das ist in meinen Augen Schönreden. Ich bin Kinderkrankenschwester und habe mit Frühgeborenen gearbeitet und erlebt, wie die Kleinsten um ihr Leben kämpfen! Keines hat „gesagt“: „Ich will nicht leben.“ In meinen Augen machen sich alle Clanmitglieder, die ihre Unterstützung anbieten und sogar eine Trauerfeier hierfür organisieren, zu passiven Mittätern.

In diesem Augenblick wird das Familienwildnisjahr zu einer Farce für uns und völlig unglaubwürdig. Wie kann ein Programm, auf dessen Fahne „FAMILIE“ steht, ein Kind ablehnen? Wie können alle diese Menschen das mit ihrem Gewissen vereinbaren? Bin ich zu extrem? Zu hart? Für uns ist klar, dass wir handeln müssen und setzen ein klares Statement. Wir werden den Clan am nächsten Tag verlassen. Unser Traum ist es, ein Jahr in der Wildnis zu leben. Wir brauchen dazu keinen Clan. Und schon gar nicht einen Clan, der nicht bereit ist, das schwächste Glied zu schützen. Was wir jedoch brauchen ist den Rückhalt, den Teaching Drum uns bezüglich der Essensversorgung gibt.

Die Rainbows am anderen Ufer

Wir sprechen mit dem Programmleiter darüber und erklären ihm, dass wir nicht im Clan in einem Programm bleiben können, was sich Familienwildnisjahr nennt. Wir wollen jedoch nicht aus der Wildnis gehen, nicht nach all der Vorbereitung und dem finanzielle Aufwand. Er bietet uns einen Platz auf der anderen Seite des Sees an.

Wir wollen nicht dabei sein, wenn es zur Abtreibung kommt und schon gar nicht irgendeiner Zeremonie beiwohnen, bei der man die Untat beschönigt! Daher packen wir unsere Sachen und siedeln bereits am nächsten Tag hinüber auf die andere Seite des Sees. Einige Clanmitglieder helfen uns, obwohl wir nicht um Hilfe gebeten haben. Nicht alle wollen helfen. Es gibt einige, für die wir mit und durch diesen Schritt nicht mehr dazu gehören und sie wollen somit nichts mehr mit uns zu tun haben. Sie scheinen verletzt durch unsere vehemente Reaktion, was ich irgendwo auch verstehen kann. Doch wir wollen uns selbst treu bleiben und dazu ist für uns dieser Schritt wichtig.

Am nächsten Abend sind wir auf der anderen Seite des Sees und als das Zelt aufgebaut ist und wir hinüberblicken, sehen wir am anderen Ufer am Himmel einen Regenbogen. Im Clan waren wir die „Rainbows“. Wir als Familie sind nun auf der anderen Seite des Sees und der Regenbogen ist auf ihrer Seite. Wir sind irgendwie auch abgetrieben.

Dieser neue Platz ist wunderschön und gefällt uns sehr gut. Wir fühlen uns wohl. All die Dunkelheit, die diese bevorstehende Abtreibung in uns bewirkt hat und all der Druck vom Clan fallen in diesem für uns wichtigen

Moment von uns ab.

Mit unserem grünen Wal sind wir fast direkt am See und um uns sind viele Laubbäume und ein Moor, durch das wir Baumstämme als Brücke bauen wollen, denn weiter oben den Berg hinauf soll unsere Feuer- und Kochstelle platziert werden. Gemeinsam als Familie besprechen wir, was wir noch alles machen wollen und mit diesem neuen Eifer in uns kriechen wir in den Bauch unseres grünen Wals. Glühwürmchen fliegen um unser Zelt und heißen uns willkommen.

Die erste Sonne ohne Clan

In den nächsten Tagen reflektieren wir all das Geschehene und ganz besonders das Thema Abtreibung. Gerade unseren Heranwachsenden versuchen wir, die Eigenverantwortung für ihr Tun bewusst zu machen. Hier sehen sie nun in unseren Augen in den Erwachsenen ein denkbar schlechtes Vorbild.

In einem Familienredekreis kann jeder sein Herz ausschütten. Einige Wochen sind vergangen und wir sitzen das erste Mal wieder gemeinsam im Kreis und können miteinander reden, ohne ein schlechtes Gewissen dabei zu haben. Als meine jüngste Tochter an der Reihe ist, fängt sie an zu weinen. Sie ist traurig, dass wir in den letzten Wochen kaum Zeit hatten. Als das alles förmlich aus ihr herausbricht, wird mir bewusst, wie sehr uns unsere Kinder gebraucht haben. Sie sind fern von ihrem Vater und ihrer bekannten Umgebung, in einem fremden Land mit einer neuen Sprache und wir waren dauernd in irgendwelchen Meetings und sie auf sich allein gestellt. Es war uns nicht erlaubt, mit ihnen Deutsch zu sprechen, auch nicht, wenn wir alleine unterwegs waren. Doch wie kann ein Kind, das die Sprache nicht spricht, sein Herz ausschütten? So blieb sie stumm all die Zeit. Für uns ist der Umzug eine Erleichterung und wir atmen innerlich auf. Endlich Zeit für uns und unsere Kinder. Zeit die Seele baumeln zu lassen, die Natur zu genießen und einfach nur zu sein. Keine lästigen Meetings mehr und keine herumschreienden, aggressiv spielenden Kinder. Die Jungs im Clan raufen sich, schmeißen mit Kiefernzapfen auf sich, benutzen heftige Fluchwörter und spielen meist Pokémon, was unseren Kindern völlig fremd ist. Die

Ruhe ist auffällig. Am Anfang im Clan dachte ich, dass sich das raue Spiel der Jungs beruhigen würde. Ich dachte, dass sie sich erst mal finden müssten und wenn die Hahnenkämpfe ausgefochten wären, würden sie zu einem natürlichen Spiel übergehen. Dem war jedoch all die Zeit über nicht so.

Wir sind in der ersten Zeit beschäftigt, unser Camp aufzubauen. Im Clan hatten wir nicht wirklich unseren Platz gefunden. Hier nun ist jeder von uns gefordert. Wir allein tragen die Verantwortung, unser Leben zu gestalten und blühen dadurch innerlich regelrecht auf. Endlich fühlen wir uns wieder wichtig und gebraucht und vor allem frei das zu tun, was wir wollen, ohne uns anzupassen und rechtfertigen zu müssen. Wie oft saß ich gelangweilt im Redekreis und wäre viel lieber mit den Kindern schwimmen gegangen. War gedanklich weit fort und nur körperlich anwesend. Mein Leben war wieder das eines Schulmädchens, das brav die Regeln befolgt. Ich hatte kein selbstbestimmtes Leben mehr, sondern wieder ein fremdbestimmtes. Erst jetzt wird mir bewusst, welche Rückschritte wir gemacht hatten und ich bin froh, nun mit meinen Lieben hier zu sein.

Und so erkunden wir die Gegend und entscheiden uns, wo wir unseren Kochplatz machen, spannen ein Tarp auf und sammeln Feuerholz. Die Kinder gehen mit dem Feuerholz respektvoll um, weil sie es selbst gesammelt haben und wissen, wie viel Arbeit es macht. Wir bauen eine Brücke, die vom grünen Wal über das Moor bis zum Feuerplatz führt. Mit viel Freude buddeln wir gemeinsam zwei Foodpits. Der Clan hatte bei dieser Arbeit gestöhnt und mehrere Tage für dieselbe Tätigkeit gebraucht. Wir genießen die Zeit mit den Kindern, fahren mit ihnen Kanu und gehen baden. Zusammen erkunden wir das Gebiet um uns und viele Dinge erledigen wir gemeinsam. Genau das ist es, was wir uns erhofft hatten, Zeit zu haben.

Hinter uns liegen Jahre voller Stress. Nach meiner schweren Erkrankung gründete ich einen Waldkindergarten und danach eine Schule in freier Trägerschaft. In beiden Vereinen arbeiteten ich und auch meine Partnerin ehrenamtlich und es nahm einen sehr großen Teil unseres Alltags ein.

Danach zogen wir vom Süden Deutschlands in den tiefen Osten, sanierten ein altes Haus am See und eröffneten einen Bioladen. Anschließend kamen die Reisen nach Südspanien und Portugal. Wir verkauften das Haus in Deutschland und kauften ein Grundstück in Portugal, auf dem wir eine Ruine und einiges andere neu aufbauten. Wir gingen langsam auf dem Zahnfleisch und wünschten uns wieder mehr Zeit mit unseren Kindern, als Paar und auch alleine verbringen zu können. Im Clan war das jedoch für uns nicht möglich. Dort war es dafür zu laut und umtriebig. Es gab zu viele Erwartungen, Verpflichtungen, Kontrolle und Machtspiele. Vielleicht waren wir einfach zu festgefahren und damit zu unflexibel.

Nun also scheint unser Yearlong zu beginnen. Wir genießen unsere Unabhängigkeit und Selbstständigkeit sowie 24 Stunden am Tag draußen in der Natur zu sein. Wir müssen nicht einkaufen gehen, dafür bin ich sehr dankbar. Wenn wir zu Hause einkaufen gehen, ist das immer ein kleines Spektakel. Unser Einkaufswagen wird bis zur maximalen Füllhöhe und darüber hinaus bepackt, das Förderband an den Kassen ist immer zu kurz, um alles fassen zu können und meist wird eine Kasse mehr geöffnet, wenn wir kommen. Ich bin Teaching Drum für die Essensversorgung sehr dankbar.

Ein anderer Punkt, über den ich sehr dankbar bin, ist, dass wir in dieser Zeit sehr wenig Müll produzieren und nichts konsumieren. Plastik kommt bei uns gar nicht mehr vor. Da wir fast alles essen, haben wir auch relativ wenig Biomüll, welcher im Wald mit ein wenig Erde verbuddelt wird und somit der Natur als Dünger zurückgegeben werden kann. Das Wort „Müll“ erhält eine andere Bedeutung. Es ist ein Kreislauf von Geben und Nehmen zwischen uns und der Natur. Es obliegt meiner Verantwortung, sämtliche durch mich produzierte Abfallprodukte (Biomüll, Ausscheidungen) nachhaltig zu entsorgen. Ein Einfaches in die Mülltonne „wegwerfen“ gibt es hier nicht. Alles hat eine direkte Auswirkung auf mich und fällt auf mich zurück. In der Zivilisation ist uns das nicht so bewusst, ein „wegwerfen“ von Müll gibt es nicht. Er mag vielleicht „weg“ sein aus unserem Gesichtsfeld, doch er ist und bleibt in unserem Kreislauf.

Alles, was wir haben, ist auf das notwendigste reduziert. Geht etwas kaputt, wird es repariert und bekommt somit auch einen ganz eigenen Charakter. Wir lernen eine tiefe Wertschätzung unserer Dinge. Eine Hose, die völlig verschlissen ist, wird nicht entsorgt, sondern bekommt eine andere Aufgabe. Aus den Hosenbeinen lässt sich noch ein Beutel nähen, aus den Taschen kleine Täschchen oder ähnliches. Dieser scheinbare Mangel macht kreativ. Diese Kreativität macht Spaß und befriedigt. Eine andere Nebenwirkung dieses Mangels ist, dass wir frei sind und Zeit haben. Wer viel hat, hat viel zu tun, zu verwalten, zu pflegen, zu reparieren und zu putzen. Besitz bindet und fördert Angst, zum Beispiel Angst es zu verlieren. Dort nun im Wald erlebe ich eine Unabhängigkeit und Freiheit von all diesen Dingen, an die ich sonst angehaftet bin. Zusätzlich gibt es mir die Möglichkeit, mir eigene Dinge zu erschaffen, anstatt sie mir zu kaufen. Mein Löffel und meine Schale zum Essen sind Unikate. Sie sind mit viel Liebe und Einsatz durch das Werk meiner Hände entstanden. Dadurch pflege ich sie auch ganz anders als einen gekauften Löffel oder eine industriell hergestellte Schüssel.

Wir verwildern immer mehr

In den ersten Tagen in der Wildnis haben wir das Wasser abgekocht, um es trinkbar zu machen. Gleichzeitig gewöhnen wir unseren Körper Schluck für Schluck an das Wasser, indem wir ungekochtes Wasser direkt aus dem See trinken. Bis wir schließlich wie die wilden Tiere direkt vom See trinken können, ohne irgendwelche negativen Auswirkungen zu erleben. Dies ist ein einschneidendes Ereignis für mich. Ich spüre mich dem Kreislauf der Natur viel näher, als ich mich zum See hinunterbücke und direkt aus ihm trinke. Ich empfinde mich mehr als Teil des Ganzen. Es gibt mir Freiheit immer dann zu trinken, wenn ich durstig bin, ohne vorher all die Arbeit mit dem Abkochen des Wassers zu haben. Das kühle Nass des Sees schmeckt herrlich.

Unsere Kleidung wird immer mehr zu Unikaten und erzählt Geschichten. Hier und da kommt ein geflicktes Loch dazu, die Flecken mehren sich und machen so jedes Kleidungstück mehr und mehr wie zur zweiten Haut.

Obwohl wir alle täglich im See baden, sind wir nach kurzer Zeit wieder mit Asche verziert, was niemanden stört. Es wird nicht als dreckig empfunden. Das gehört hier einfach dazu. Interessanter Weise haben unsere Teenager völlig trockenes Haar, obwohl sie durch die Hormonumstellung eher mit schnell fettendem Haar zu kämpfen hatten. Als Shampoo dient uns die Orangenschale oder einfach nur Wasser. Wir schrubben uns auch mit Sand und haben eine glatte Haut.

Unsere Fingernägel und Fußnägel schneiden wir mit unserem Messer, welches uns immer begleitet. Selbst unsere beiden kleinen Jungs haben ihr eigenes Messer, selbstverständlich scharf! Denn besser einen Schnitt mit einem scharfen Messer als mit einem stumpfen, denn solch eine Wunde heilt besser als ein Schnitt mit einem stumpfen Messer. Doch sie schneiden sich kaum. Und auch am Feuer wird sich so gut wie nie verletzt und sie gehen in einer sehr natürlichen Art und Weise mit diesem Element um.

Wenn man sich hier draußen schneidet oder verbrennt, dann gibt es kein besseres Heilmittel als „Pitch" – Harz von der Balsamtanne. Es wirkt Wunder selbst bei tiefen Wunden. Man findet dieses Pitch an den Bäumen in kleinen Blasen. Wenn man die Rinde dieser Blase verletzt, tropft auch schon der Wundersaft heraus. Diesen trägt man auf die Wunde auf und tunkt sie danach noch in Asche, damit man nicht überall kleben bleibt.

Wenn wir Schnüre brauchen, dann buddeln wir an Tannen im Boden und suchen nach kleinen Wurzelsträngen. Wir ziehen vorsichtig, solange bis sie lang genug sind und schneiden sie dann ab. Oder wir binden aus Brenneseln Schnüre.

Zu so vielen alltäglichen Dingen benutzen wir unser Messer. Ich frage mich, wie ich je ohne dieses Messer durchs Leben gehen kann. Es scheint sich in meinen Bewegungsablauf hinein zu brennen. Das Messer ist nicht nur Messer, sondern ein Multifunktionswerkzeug, ohne dass das Leben hier draußen wesentlich erschwert wäre. Wir benutzen es, um Löcher in Leder, Eier oder Holz zu drehen. Es dient uns als Schere, Spachtel und vieles mehr, natürlich auch als Messer.

Geschärft wird es mit einem flachen Stein. Der Guide hat eine Feile mit dabei, mit der wir es ab und zu, wenn es allzu stumpf ist, nachschärfen können.

Die Aufgaben der Kinder

Die Kinder haben verschiedene Aufgaben. Etwas, was nur sie erledigen, ist den „Fooddrop“ in unser Lager zu bringen. Hierfür müssen sie am Morgen hinüber zum Clan paddeln und dort warten, bis sie unsere Ration abgezählt haben und damit wieder zu uns zurück paddeln. Damit haben sie eine große Verantwortung und müssen darauf achten, dass nichts über Bord geht. Zum anderen haben sie immer wieder Kontakt zum Clan, was ihnen unangenehm zu sein scheint. Wir haben kein Problem, wenn die Kinder drüben sind und es ist ihnen frei gestellt. Denn in erster Linie war die Entscheidung, den Clan zu verlassen, die Entscheidung von uns beiden Müttern. Unser ältester Sohn ist der einzige, der oft den ganzen Tag drüben verbringt und erst bei der Dämmerung zu uns herüber kommt. Wir hören dann seine Paddelschläge, wenn wir bereits in den Schlafsäcken liegen.

Die Mädchen fühlen sich zwischen zwei Stühlen. Sie würden schon gerne zum Clan hinübergehen, vor allem wegen dem Kontakt zu den anderen Erwachsenen. Die jedoch fragen sie immer wieder über uns aus und das ist den Mädchen unangenehm und hält sie so ab, hinüber zu gehen.

An einem Tag fahren meine ältere und meine jüngere Tochter hinüber und haben durch aufkommenden Wind große Schwierigkeiten, wieder auf die andere Seite des Sees zu gelangen. Sie kämpfen und kämpfen, versuchen es erneut, treiben hilflos ab und sind nahe der Verzweiflung. Wellen schlagen ins Boot und sie werden nass. Nach langem Kampf schaffen sie es schließlich, doch heil anzukommen, ohne ihre kostbare

Ware verloren zu haben.

Solche Herausforderungen geben Selbstvertrauen und schweißen zusammen. Sie lernen sich aufeinander zu verlassen, sich zu helfen und zu unterstützen.

Ansonsten beschaffen sie Feuerholz, denn ohne bleibt die Küche kalt und sie haben keinen Ort sich zu wärmen. Da wir regelmäßig Lindenblätter essen, klettern sie auf die Lindenbäume und sammeln wie die Äffchen direkt vom Baum. Alles hier hat einen direkten Bezug zu ihrem Leben und sie sind ein wichtiger Teil des Ganzen.

Die Clankinder bestehlen Camper

Wir erfahren, dass sämtliche Jungs im Clan Camper bestohlen haben, die in der Nähe von unserem Camp ihre Zelte aufgestellt haben. Wahllos haben sie alles in sich hineingestopft, was ihnen unter die Finger kam. In unseren Augen ist das das Resultat des Hungers und wir sind sauer.

Dennoch sprechen wir uns gegenüber Teaching Drum dafür aus, dass die Jungs den Schaden wieder gut machen sollten, was nicht geschieht, denn der Clan sieht es nicht so. In unseren Augen hätten sie es gemäß ihren Fähigkeiten und Möglichkeiten wieder gut machen können, zum Beispiel etwas schnitzen, flechten oder ähnliches. Zumindest eine Entschuldigung wäre für uns wichtig gewesen. Stattdessen greift Teaching Drum zu der zivilisatorischen Methode, den Schaden mit Geld zu begleichen. Eine für uns enttäuschende Entscheidung, die die Werte, die dieses Programm übermitteln soll, meiner Meinung nach entkräftet. Der Geldbetrag wird von all den Eltern abgezogen, deren Söhne bei dem Diebstahl beteiligt waren.

Auch diesmal haften wieder nur die Eltern für ihre eigenen Kinder und der Clangedanke ist einmal mehr nur eine fiktive Idee, die nicht wirklich umgesetzt wird. Wie es uns scheint wird nur das, was man bekommt, geteilt (ein Melonenstück wird in 42 Teile aufgeteilt). Etwas, was man geben muss, wird seltener geteilt.

Was uns hier drüben auf der anderen Seite des Sees erneut bewusst wird ist, dass alle Kinder Hunger erleben. Hunger in einem Ausmaß, der uns fremd ist und eine Veränderung auch bei uns bewirkt, die uns traurig und nachdenklich macht.

Wir haben eines Tages Besuch von einem Kind und essen zu dem Zeitpunkt gerade Melone samt Schale. Normalerweise würden wir unseren kleinen Gast einladen mitzuessen. Doch es ist so wenig, dass wir einfach nicht in der Lage sind zu teilen. Und wir fühlen uns sehr schlecht damit. Ist es das, was unsere Kinder lernen sollen? Ist das in unserem Sinne? Wollen wir nicht eigentlich etwas ganz anderes und leben dies auch unter anderen Umständen? Wo bringt uns dieses Programm hin?

Harte Nuss

Eine Woche ist vergangen seit unserem Umzug und wir bekommen Besuch von den Guides. Wir haben das Gefühl als würden sie denken, dass wir demnächst wieder zurückkehren zum Clan. Wir verschwenden an solch einen Gedanken nicht einmal einen „Millinutcrack“. Wir fühlen uns glücklich und vermissen den Clan in keiner Weise.

Am nächsten Tag kommt auch der Filmemacher, um uns zu interviewen und immer wieder kommen Clanleute auf Besuch zu uns.

Eine Woche später kommen die Guides erneut zu uns und teilen uns mit, dass wir nur noch sieben Tage hier bleiben können, da uns Camper gesehen hätten und wildes Campen hier nur wenige Tage erlaubt ist.

Was nun? Auf keinen Fall wollen wir zurück zum Clan! Nach Gesprächen mit Teaching Drum wird abgemacht, dass der Guide uns vier Plätze zeigen wird, wo wir unser neues Camp aufbauen können. Wir sind erleichtert, nicht zurück zum Clan zu müssen. Ich fahre mit dem Kanu hinüber auf die andere Seite und schleiche mich an die Grenze des Camps, ohne gesehen zu werden. Es ist ein seltsames Gefühl wieder hier zu sein. Ich höre die Kinder schreien. Es ist laut. Ich rieche den unangenehmen Geruch des Todes und der verfaulten Häute, der vom Platz herüber weht, an dem gegerbt wird.

Meine jüngere Tochter ist bei mir und gibt dem Guide Bescheid, wo ich bin, denn ich versuche mich vor den Clanmitgliedern nicht erkennen zu geben. Dann gehen wir die vier Plätze ab. Meine Tochter begleitet uns barfuß. Sie flitzt nur so durch den Wald und über die Baumstämme, die als Brücke über das Moor gelegt und sehr glatt sind, behände wie eine Hirschkuh. Voller Bewunderung beobachte ich ihre geschmeidigen, mühelos wirkenden Bewegungen, die auf mich wie ein Tanz wirken.

Nach der Begutachtung all der Plätze ist für mich klar, welches unser neues Zuhause sein wird und wir gehen zurück auf die andere Seite des Sees.

Am nächsten Tag bereiten wir auf diesem Platz den Boden für unser Zelt vor und einen Tag später ist dann der große Umzug, den wir ganz alleine mit den Mädchen schaffen. Unser ältester Sohn ist den ganzen Tag drüben beim Clan und auf seine Hilfe können wir nicht zählen, obwohl wir sie gut gebrauchen könnten. Niemand vom Clan bekommt unsere Wanderung mit. Einmal mehr wird uns klar, zu was wir alles fähig sind. Ich bin sehr stolz auf unsere Mädchen.

Uns allen hat der erste Platz besser gefallen als dieser hier. Doch wir werden uns auch an diesen hier gewöhnen und er wird zu unserer Heimat werden.

Immer wenn wir mit dem Wohnmobil unterwegs waren und die Kinder sich sehr wohl fühlten an einem Strand, taten sie sich schwer damit weiterzuziehen. Sie haben jedoch schnell gemerkt, dass sie nur dann auch andere wunderschöne Plätze kennenlernen, wenn sie den alten loslassen. Das hat sie flexibel gehalten. Sie haben keine Umstellungsprobleme. So wie unser Wohnmobil unser Zuhause für sie ist, gleichgültig wo es auch steht, so ist nun der grüne Wal ihr Zuhause.

Der Wald ist hier eher eintönig, viele Zedern und Nadelbäume und auch der See ist weiter entfernt. Der Weg zum Wasser ist weit und es gibt keine Badestelle. Doch dieser Platz wird sicher sein für uns und gewährleisten, dass wir nicht schon wieder nach vierzehn Tagen gehen müssen, weil uns hier niemand sehen kann.

Alles beginnt also wieder von vorn. Wir bauen wieder unsere Feuer- und Kochstelle mit einem Tarp als Regenschutz und buddeln wieder zwei Foodpits, also Kühlschränke.

Die Kinder müssen nun den weiten Weg mit dem schweren gusseisernen Topf gehen, um Wasser zu holen oder abzuspülen. Das ist nicht immer ganz einfach und immer wieder streiten sie darum, wer diesmal dran ist, Wildnisalltag eben.

Ich genieße die Wildnis

Es wird zunehmend heißer und der Sommer scheint da zu sein. Wir fahren immer wieder über den See auf eine kleine Halbinsel. Dort ist das Wasser flach und unsere beiden kleinen Jungs können dort toll baden. Meine Partnerin und ich sitzen stundenlang im seichten Wasser und haben endlich Zeit für uns.

Ich habe den Wunsch den See zu durchschwimmen und starte von der Insel aus in Richtung zuhause. Meine Partnerin begleitet mich zur Sicherheit mit dem Kanu und die Jungs quieken vergnügt, als sie mich im Wasser neben sich schwimmen sehen.

Wie herrlich ist es hier zu sein! Wieder einmal wird mir bewusst, welches Privileg wir hier haben. Ich bin so dankbar, dass meine Kinder das hier erleben dürfen, dass ich das erleben darf.

Der See ist schätzungsweise 800 bis 1000 Meter lang. Es macht mir keine Mühe, ihn zu durchschwimmen. Das Ufer kommt immer näher und ich weiß, dass es eine große Überwindung für mich werden wird, dort anzulanden. Es sind einige Seerosen am Ufer, der Seegrund ist schlammig und ich kann den Grund des Sees nicht erkennen. Es ist mir unheimlich. Wer spricht da in mir? Sagt das nicht nur mein verwöhnter zivilisierter Verstand? Ich möchte diese innere Hürde nehmen und überwinde mich. Es ist zwar nicht angenehm, in diesem Schlamm an Land zu gehen, es ist jedoch auch nicht so schlimm, wie ich es mir zunächst vorgestellt hatte. Es ist ein gutes Gefühl, mich meinen Ängsten zu stellen und sie zu überwinden. Ich lasse mich von der Sonne trocknen und gehe mit einem Lächeln zum Zelt zurück.

Ab diesem Tag werde ich jeden Morgen vor dem Frühstück den See überqueren, jedoch beginne ich auf der Seite unseres Camps, schwimme zur Halbinsel, drehe im Wasser um und schwimme gleich wieder zurück. Es ist herrlich, den Tag so zu beginnen. Immer begleitet mich ein Mädchen im Kanu. Es ist so wunderschön sie zu sehen, wie sie da wie Indianer durch den See gleiten. Da ist so viel Ursprünglichkeit und Wildheit in ihrem Blick, in diesem Bild, was sich mir da bietet. Ich wünsche mir, dieses idyllische und romantische Bild wird sich tief in meine Erinnerung einbrennen. Meinen Kindern wünsche ich, dass sie diese Eindrücke tief verwurzelt mit hinein in ihr erwachsenes Leben nehmen und eines Tages daraus zehren können.

An einem Morgen begleitet mich meine ältere Tochter bei meiner Schwimmtour. Es ist recht windig und dadurch ein wenig wellig. Mit der Zeit jedoch werden die Wellen immer höher und ich habe Schwierigkeiten zu schwimmen. Immer wieder schlucke ich Wasser und sehe kaum das Ufer. Plötzlich verschlucke ich mich heftig und bekomme kaum Luft. Japsend versuche ich, nicht in Panik zu geraten und schaue mich nach meiner Tochter in ihrem Kanu um. Sie hat meine verzweifelte Lage bemerkt und versucht ihrerseits verzweifelt, Kurs auf mich zu halten, doch es fällt ihr sehr schwer. Der Wind und die Wellen treiben sie ab. Ich sehe ihren panischen Blick und sie meinen. Auch wenn wir beide heute darüber lachen können, so war das doch eine Erfahrung für uns, die uns sehr tief verbindet. Sie schafft es schließlich, mich zu erreichen und hat mir dadurch das Leben gerettet. Ich kann mich am Rand des Kanus festhalten und richtig husten bis ich wieder Luft bekomme, um dann weiter zu schwimmen.

Als ich mit meiner älteren Tochter schwanger war, erkrankte ich lebensbedrohlich und die Ärzte rieten mir zur Abtreibung, um mein Leben zu retten. Niemals habe ich das für mich in Betracht gezogen und ich bin dankbar, dass dieses tolle Mädchen meine Tochter ist.

Wenn meine jüngere Tochter mich begleitet, dann redet sie die gesamte Zeit ohne Punkt und Komma. Sie ist meine kleine Quasselstrippe, die ein kleines Wunder ist. Nach meiner Erkrankung sagten die Ärzte, dass ich durch die Medikamente, die ich nehmen musste, nicht mehr schwanger werden könnte. Heute habe ich eine liebenswerte Tochter, die den Ärzten gezeigt hat, wie sehr sie sich irren können.

An manchen Tagen verabschiede ich mich von meiner Familie und gehe in den Wald. So gerne würde ich einen Bären sehen und so wandere ich stundenlang durch die Wildnis. Wenn ich einen geeigneten Baum finde, liebe ich es ihn zu erklettern, sitze dann einfach nur da, lausche, genieße und denke nach. Wie lange ist es her, dass ich zuletzt in einem Baum gesessen bin?

Manchmal begebe ich mich auf die Suche nach Baumknollen, die ich dann mit meinem Tomahawk entferne, um Schüsseln daraus zu schnitzen. Mit Holz zu arbeiten, finde ich wunderschön. Stundenlang streife ich so durch die Wälder, um eine geeignete Knolle zu finden. Es ist dann eine harte Arbeit, sie vom Baum zu entfernen und erschöpft und glücklich laufe ich dann mit der Knolle zurück.

Naturgewalten

Der Sommer ist sehr warm und trocken und es regnet nur selten. Dadurch gibt es kaum Moskitos, worüber wir nicht traurig sind.

An einem Abend ziehen schwarze Wolken auf und ein großes Unwetter braut sich zusammen, was sich irgendwann über uns entleert. Es gießt in Strömen und die Blitzte erhellen fast eine halbe Minute lang wie ein Stroboskoplicht unser Zelt, bevor der Donner uns erreicht. Der grüne Wal wird gebeutelt und ganz schön hin und her gerissen. Unter meinem ältesten Sohn und dessen Zeltbodenplane fließt das Wasser und er liegt wie auf einem Wasserbett. Wir beobachten die Bäume um uns herum, die sich sehr stark biegen. Nicht auszudenken, was passieren würde, wenn ein Baum auf unser Zelt fallen würde. Einmal mehr spüren wir die absolute Nähe zur Natur.

Die Zeit vergeht, langsam schließen wir unseren neuen Platz in unsere Herzen und gewinnen ihn lieb. Wir nennen ihn „Birdsinging Place", denn hier ist ein bestimmter Vogel, der abends, wenn alle anderen Vögel schon lange schweigen, nochmal ein „Gutenachtlied" anstimmt. Bald werden wir länger ohne den Clan in der Wildnis gelebt haben als mit ihm. Wir vermissen ihn in keiner Weise. Wir fühlen uns sehr wohl und kommen auch mit dem Hunger, der mittlerweile schon über zwei Monate anhält, gut klar, denn hier ist er nicht im Fokus. Wir leben auch nicht in Angst, dass etwas gestohlen wird. Unsere Essen sind mit Liebe zubereitet und wir machen das Beste aus der Situation. Lediglich bei den regelmäßigen Besuchen von Teaching Drum werden wir aus unserer Idylle gerissen.

Immer wieder Teaching Drum

Etwa alle zwei Wochen haben wir ein Gespräch mit dem Leiter von Teaching Drum. Immer wieder geht es um unsere Rückkehr. Wir wollen nicht, nicht als Clanmitglieder. Wir haben nichts persönlich gegen irgendwelche Menschen im Clan. Es ist einfach nur, dass wir hinter dem gesamten Projekt nicht mehr stehen können und wollen. Zudem fühlen wir uns alleine sehr viel wohler und können tiefer in die Natur eintauchen. Die Vorteile, für uns alleine zu sein, überwiegen stark.

Wir lenken in dem Sinn ein und zeigen dadurch Entgegenkommen, dass wir an Workshops teilnehmen wollen, die beim Clan stattfinden. Wir können uns vorstellen, ein eigenständiger Clan zu sein, der neben einem größeren Clan lebt.

Wann immer uns der Programmleiter besucht, ist auch das Essen ein Thema. Nach wie vor nehmen alle Kinder ab und sind antriebs- und kraftlos. Wir sprechen also darüber und sagen, dass es so nicht weitergehen kann. Schließlich wird entschieden, dass wir als Vegetarier die doppelte Ration an den stärkehaltigen Gemüsesorten erhalten werden und die doppelte Ration Nüsse. Wir spüren eine große Erleichterung, dass sich nun nach zwei Monaten etwas ändern wird.

Es wird sich zeigen, dass wir meist die doppelte Ration an Kürbissen erhalten, die wir alle nicht vertragen und Durchfall und Erbrechen bekommen. Somit können wir keinen wirklichen Nutzen daraus ziehen. Wir haben jedoch die Nüsse, die sehr viel helfen, weil sie unsere Fettquelle darstellen.

Zudem gibt es nun immer mehr Beeren zu essen. Himbeeren, Walderdbeeren und all die andere essbaren Beeren bereichern unseren Alltag, denn das Essen, was wir von Teaching Drum bekommen, ist eigentlich immer dasselbe. Einmal war ein Festtag. Wir bekamen eine Tomate und teilten diese auf uns auf. Dieser Geruch! Und der Geschmack! Wie glücklich man sein kann wegen eines kleinen Stückchens Tomate!

Und wieder Teaching Drum

Nachdem wir nun fast zwei Monate alleine in der Wildnis sind, wird wieder ein Gespräch mit dem Programmleiter anberaumt. Wir sitzen auf der Halbinsel, um zu baden und sehen, wie er sich uns in einem Kanu nähert. In diesem Moment bildet sich eine Windhose auf dem See, die durch einen plötzlich aufgekommen Wind entstanden ist und ich frage mich, ob das ein Vorzeichen ist?

Seit wir aus dem Clan gegangen sind, wurde jedes Gespräch mit Teaching Drum zunehmend vehementer und der Druck auf uns stärker. Zu Anfang ist da noch ein Glitzern in den Augen des Guides, eine Gewissheit, dass wir es sowieso nicht allzu lange alleine ohne Clan aushalten werden. Als dies sich jedoch als Irrtum herausstellt, verschwindet dieses Glitzern und wandelt sich in tiefe Stirnfalten um. Wir haben das Gefühl, gegen seine Prinzipien zu gehen. Dabei verstehen wir seine Lebensphilosophie nicht. Auf der einen Seite sagt er, dass es kein „Falsch und Richtig“ gibt. Auf der anderen Seite jedoch gibt er uns das Gefühl, etwas Falsches zu tun, weil er immer und immer wieder dazu drängt zurückzukehren. Für uns ist das ein Widerspruch.

Dieses Gespräch auf der Halbinsel geht also noch stärker als zuvor in die Richtung, dass wir zurückkehren sollen. Auf meine klare Frage, ob das ein „sollen oder müssen“ ist, antwortet er mir nur ausweichend und so bleiben wir bei unserer Entscheidung: Wir werden nicht zurückkehren. Doch wir haben ein dumpfes Bauchgefühl. Die Stirnfalten lassen sich gar nicht mehr glätten bei dem Teaching Drum Team.

Kinder gehen über ihre Grenzen

Die Mädchen haben sich vorgenommen, über den See zu schwimmen. Meine Partnerin und ich begleiten sie mit den Kanus. Sie schaffen die lange Strecke ohne Pause und sind mächtig stolz auf sich.

Immer wieder kommen sie hier an ihre persönlichen Grenzen und werden immer mehr von der Natur und deren Herausforderungen geformt. Unser ältester Sohn singt hier viel und wirkt entspannt. Er genießt die Gesellschaft der jungen Männer und wird langsam selbst zum Mann. Eines Abends ist er mit dem Guide bei völliger Dunkelheit ins Basislager gelaufen. Das ist eine Wanderung von drei bis vier Stunden quer durch den Wald. Mit dem Bewusstsein, dass hier Wölfe, Bären und Kojoten leben, finde ich das eine beachtliche Leistung.

Nach einem Workshop im Clan fährt mich mein ältester Sohn mit dem Kanu zurück. Ich genieße mit einem Lächeln auf den Lippen diese Fahrt. Ich kann mir kaum etwas Schöneres vorstellen, als von meinem heranwachsenden Sohn mit dem Kanu durch die Wildnis chauffiert zu werden. Ich werde das nie vergessen. Mich erfüllt tiefe Dankbarkeit für meine Kinder.

Unsere beiden Jungs gehen mit Feuer und Glut sicher um und verbrennen sich nie. Sie wissen bereits, wie man aus fast kalten Asche wieder ein Feuer entlockt und rösten sich Lindenblätter.

Die Schlinge zieht sich zu

Heute war Teaching Drum wieder da. Es ist klar, dass wir zurück müssen. Sie wollen, dass der Schritt von uns kommt. Ein Paradoxon, denn wir wollen nicht zurück, auch wenn sie wollen, dass wir es wollen. Entweder sie zwingen uns oder wir bleiben.

Allein die Vorstellung zurück zum Clan zu gehen, setzt vor allem meiner Partnerin stark zu. Ich versuche es positiv zu sehen und vielleicht schaffen wir es ja, von Anfang an klare Grenzen zu stecken? Vielleicht ist das unsere Chance, unsere Bedürfnisse klar zu äußern und sie durchzusetzen? Abstand zu nehmen von all den Meetings und Redekreisen und uns nicht mehr auf den Druck einzulassen, was unsere Art angeht zu essen oder mit unseren Kindern zu leben. Mich belastet die Situation sehr.

Meine Partnerin hat stark abgenommen, am meisten von allen im Clan. Sie wiegt nur noch 44 Kilogramm, also so viel wie unsere Teenager und sie stillt unseren jüngsten Sohn noch. Was ist hier meine Rolle? Was ist meine Verantwortung? Ich möchte bleiben. Überforde-re ich meine Partnerin damit?

Während ich meinen Gedanken nachhänge und wir am Feuer sitzen, quengelt mein jüngster Sohn, dem der Rauch ins Gesicht bläst. Meine Partnerin sagt zu ihm: „Wenn du am Feuer sitzt, musst du mit Rauch rechnen.“. Worauf hin er antwortet: „Ich kann noch nicht rechnen.“

Ich betrachte meine Familie und frage mich, ob es richtig von mir war, sie wegen meines Traumes hier in die Wildnis zu bringen? Waren wir zu blauäugig? Als

Vegetarier im Einklang mit der Natur zu leben - eine völlig obskure Vorstellung? Stellen wir uns einfach nur an und sind zu kompliziert?

Eine Woche später wieder Besprechung mit Teaching Drum, bei dem der Leiter seine Fassung verliert und klar äußert, dass wir entweder zum Clan zurückkehren oder das Projekt verlassen müssen. Wir haben ihn also an seine Grenze gebracht und der sonst immer ausgeglichene Mann fährt aus der Haut. Nun wird uns also doch die Pistole auf die Brust gehalten und all das „es gibt kein Richtig oder Falsch" ist bewiesenermaßen nur eine Farce.

Zähneknirschend entscheiden wir uns, zurück zu gehen und fragen uns, was das bringen soll? Wir gehen nicht freiwillig zurück zum Clan und das werden sie merken.

In den letzten Tagen war ich immer wieder als Besucher beim Clan und es war für alle in Ordnung so.

Einmal mehr spüren wir, dass das Yearlong eben nicht das ist, was wir als Gruppe daraus machen, sondern viel mehr, was Teaching Drum als vorgefertigtes Konzept hat.

Sobald es aufhört zu regnen und unser Zelt trocken ist, werden wir umziehen. Wir hoffen, dass es noch wochenlang regnen wird und genießen die letzten Tage in Ruhe an unserem Birdsinging Place. Am Abend vor unserem Umzug singt der Vogel nicht mehr. Ob er genauso traurig ist wie wir?

Der Clan hat den uns zugewiesenen Zeltplatz vorbereitet. Symbolisch haben wir uns daran nicht beteiligt.

Wir wollen nicht zurück, sondern werden dazu gezwungen.

Wir sind froh, dass wir relativ abseits des Clans unser Zelt aufstellen dürfen.

Es ist ein merkwürdiges Gefühl hier zu sein und wir fühlen uns unwohl. Auch für den Clan ist es eine unbefriedigende Situation, uns hier zu haben, denn sie wissen, dass wir nicht freiwillig hier sind. Wir sind uns fremd geworden.

Von Beginn an sollen wir in den gemeinschaftlichen Fooddrop und es wird auch gewünscht, dass wir mit allen gemeinsam aus einem Topf essen. Für uns verkompliziert das nur alles und wir sträuben uns vehement dagegen. Wir haben unseren Rhythmus entwickelt und essen zu ganz anderen Zeiten, als der Clan das tut. Und aus einem Topf essen wollen wir aus den bekannten Gründen nach wie vor nicht. Nach wenigen Tagen, an denen wir zwar extra kochen, jedoch gemeinsam mit dem Clan essen, ziehen wir Resümee: „So geht das nicht.“ Mein jüngster Sohn pinkelt jede Nacht in den Schlafsack seit wir mit dem Clan essen, der sehr viel später isst als wir. Das Abendessen findet zu spät statt und zieht sich ewig hin. Wir setzen durch, dass die Kleinkinder bereits am Essensbeginn die ihnen zustehenden Portionen erhalten und so wesentlich schneller essen können. Damit haben sie noch genug Zeit, bis es ins Bett geht und es passieren keine Pipiunfälle mehr.

Was das gemeinsame Kochen angeht, versuchen wir auf den Clan in dem Sinn zuzukommen, dass wir zusammen sitzen und das Gemüse schneiden. Wir bleiben jedoch bei unserem eigenen Topf und kochen separat. Das missfällt vor allem Teaching Drum. Im Clan selbst sind wenige, die damit ein Problem haben, denn wir sitzen ja gemeinsam mit ihnen allen im Kreis beim Essen. Doch je mehr Teaching Drum auf diesem Punkt herumreitet, umso mehr Clanmitglieder beginnen ins gleiche Horn zu blasen.

Kaum sind wir wieder im Clan, ist unser Leben ein K(r)ampf und wir stellen uns den Erwartungen der anderen im selben Sinn, als wenn wir unsere Gesichter in einen Sturmwind halten. Das ist anstrengend und macht uns mürbe.

Die meisten der Kinder leben mittlerweile, nach Aussage der Kinder forciert durch die Erwachsenen, die Kinderkultur und kochen und essen ohne ihre Eltern. Auch unsere Kinder versucht der Clan von der Wichtigkeit der Kinderkultur zu überzeugen. Warum? Warum werden wir nicht so akzeptiert, wie wir sind?

Ich habe keine Probleme damit, dass sie anders essen als wir und mir ist es nicht wichtig, dass wir aus einem Topf essen. Selbst als Familie essen wir unterschiedlich und können uns in der Unterschiedlichkeit anerkennen und lieben. Hier scheint das nicht möglich zu sein und immer wieder fällt der Satz: „We should come to one voice." Gleichtaktung ist es, was hier angestrebt wird und Individualität soll aussortiert werden. Nur wer sich den Regeln anpasst, kann bestehen. Jeder, der aus der Reihe tanzt, passt nicht ins System und wird aussortiert. Zu dieser Zeit hoffe ich noch, dass ich das Ganze nur zu überrissen sehe. Ich versuche mir selbst, uns und dem Clan einen Monat Zeit zu geben, um anzukommen.

Mir kommt der Film „Das Experiment“ in Erinnerung. In vielem komme ich mir vor wie im falschen Film. Was lasse ich zu, was andere über mich entscheiden? In den Unterhaltungen mit den anderen merke ich, dass sich im Clan, seit wir weg waren, kaum etwas geändert hat. Nach wie vor werden Lebensmittel gestohlen und das Hauptthema und der Fokus liegen auf dem Essen und das nach nun vier Monaten!

Einleben und ankommen

Von Beginn an versuchen wir, uns als Familie zu schützen und unsere Grenzen zu zeigen. Nicht jedes Meeting wird von uns besucht und an den Morgenmeetings nehmen wir überhaupt nicht teil.

An einem Tag bin ich mit unserem ältesten Sohn unterwegs und wir sammeln Himbeeren und Brombeeren und genießen diese intensive Mutter-Sohn- Zeit. Mir ist bewusst, dass sich nach diesem Jahr unsere Wege trennen werden und er bei seinem Vater in Deutschland bleiben wird. Darüber habe ich ein gemischtes Gefühl. Ich weiß, dass er ein anderes Leben als ich führen wird und er hat dafür meinen Segen. Dennoch tut es meinem Mutterherz weh, ihn ziehen zu lassen, auch wenn ich weiß, dass dies der Lauf der Dinge ist. Er ist mein erstgeborener Sohn und die Zeit ist so schnell vergangen. Dieses Yearlong wird bereits ein erstes Loslösen sein und mir helfen, ihn vollends in sein Leben zu entlassen. Bei dieser Wanderung wird mir klar, wie groß er mittlerweile geworden ist und ich spüre Dankbarkeit für meinen Sohn und dafür, dass er mich bei diesem Abenteuer begleitet. Für ihn war dieser Schritt am schwierigsten, gleichwohl er es nun genießt zwischen all den Männern hier im Clan. Ich freue mich für ihn.

Wenige Tage später laufen wir als ganze Familie zu riesigen Himbeer- und Brombeerfeldern und sammeln was das Zeug hält. Dieses Feld ist etwa anderthalb Stunden entfernt vom Clan. Wir haben viel Spaß dabei und als zivilisierte Menschen kommen, um auch Beeren zu sammeln, machen sich unsere Kinder ein Spiel daraus, sich vor ihnen zu verstecken.

Die anderen Kinder im Clan helfen weiterhin kaum bei den täglichen Aufgaben. Unsere Kinder fassen selbstverständlich überall mit an und der Clan ist immer erstaunt, wie viel Beeren wir zu essen haben. Wir sind stolz auf unsere kleine Familie und was wir zusammen schaffen und bewegen können.

Genau dieses Gefühl sucht der Clan als Clan, das Gefühl, was wir als Großfamilie haben.

Als wir Beeren pflücken, kommt ein Unwetter auf und ich setze mich mit den beiden kleinen Jungs unter eine Gruppe kleiner, engstehender Tannen, die uns wie eine kleine Höhle beschützt, so dass wir trocken bleiben. Ich genieße die Zeit in der Natur und fühle mich selbst bei einem Gewitter und mit Bären als Nachbarn geborgen.

Ein paar Clanmitglieder haben sich in dieser Zeit für einige Tage vom Clan abgespalten, um autark nur von dem zu leben, was „Mutter Erde" ihnen bereitstellt. Sie sind ganz in der Nähe von diesen Himbeerfeldern, die wir gerade besuchen und so machen wir einen kurzen Abstecher zu der kleinen Gruppe. Sie fangen sich Eichhörnchen, Streifenhörnchen, Fische und essen Schlangen, die von Autos tot gefahren werden, Haselnüsse, die langsam reif werden und Beeren. Sie genießen es, in dieser kleineren Gruppe zu sein und verstehen uns plötzlich viel besser, denn genau diese Erfahrung haben wir auch gemacht. In einer kleineren Gruppe ist alles überschaubarer, jeder ist wichtig und findet seinen Platz. Man ist intimer und es ist einfacher, sich in einer kleinen Gruppe zu öffnen als in einer großen. Seit diese Gruppe ihr eigenes Camp hat, spürt auch der große Clan, dass die dort nun ebenfalls kleiner gewordene Gruppe angenehmer ist und atmet irgendwie auf. Ich verstehe immer noch nicht, warum man den Clan nicht von vorneherein verkleinert hat?

Manipulation und Druck

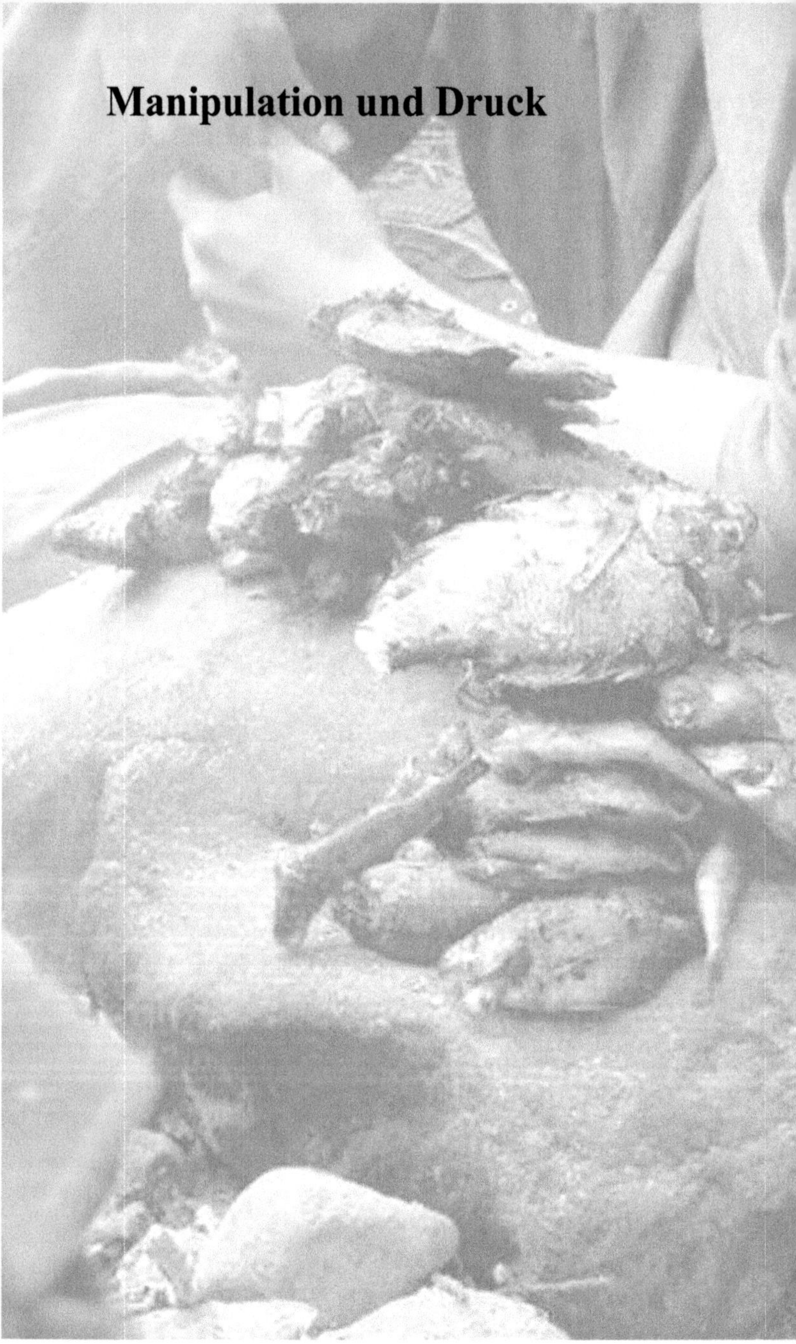

Eine unserer beiden älteren Töchter, sie ist dreizehn Jahre alt, beruft eines Abends einen Talkingcircle ein und wir sind sehr erstaunt, denn wir als Mütter hatten keine Ahnung davon. Ein Talkingcircle bedeutet, dass für alle Clanmitglieder Anwesenheitspflicht besteht. So sitzen wir alle gemeinsam in der Runde und sie beginnt sich darüber zu äußern, dass sie nicht im Kinderfooddrop sein will. Sie fühlt sich nicht mehr als Kind und auch noch nicht als Frau, doch ihr ist klar, dass sie bei den Erwachsenen sein möchte. Ihr Anliegen ist klar formuliert.

Der Redestab wird durchgegeben und was wir dann erleben, ist in meinen Augen feinste Manipulation und ein subtiles unter Drucksetzen eines jungen Menschen. Ihr werden Dinge in den Mund gelegt, Motivationen unterstellt und mir tut dieses junge Mädchen leid. Sie ist ein eher introvertiertes Kind und hat all ihren Mut aufgebracht, um in einer Fremdsprache ihr Bedürfnis offen zu legen, was nun von unsensiblen Erwachsenen zerpflückt wird. Keiner hört sie und geht auf das ein, was sie ausgedrückt hat. Es wird lediglich wieder versucht, sie in die Richtung zu drängen, in die der Clan sie haben möchte und ihre Bitte wird lieblos abgeschmettert.

Wir ziehen ins Lean-to

Wir äußern den Wunsch gegenüber Teaching Drum, dass wir gerne als Familie unter einem Lean-to schlafen möchten. Ein Lean-to ist eine Art Unterstand, ähnlich eines Carports, sehr einfach gebaut und ideal, um trocken zu schlafen und doch den Himmel zu sehen. Wir haben Sehnsucht, uns mehr in die Natur zu integrieren und wollen unterm Sternenhimmel schlafen. Nachdem uns die Erlaubnis erteilt wurde, dort schlafen zu können, ziehen wir um.

Abends im Clan entsteht ein riesen Aufruhr deswegen. Uns wird vorgeworfen, uns wieder zu separieren. Ich kann mittlerweile über diesen Ausspruch schmunzeln. Es ist einfach unsere Rolle, die Rebellen hier zu sein, wie mir scheint. Der Clan braucht anscheinend einen, der diese Rolle einnimmt.

Wir erklären dem Clan, dass unser Handeln mit den Guides abgesprochen ist. Wir versuchen sie zu beruhigen und erklären, dass wir lediglich nachts dort sein werden und damit beruhigen sich die Gemüter wieder ein wenig.

Unter dem Lean-to wachen wir sehr viel früher auf als sonst, weil die Sonne uns wecken kann. Im Zelt war es einfach viel länger dunkel. Dadurch können wir zum frühen Fooddrop gehen und die Clanmitglieder sehen, dass der Umzug in das Lean-to durchaus auch positive Aspekte für sie hat.

Wir indes genießen es, abends noch ein Feuer zu machen und uns, während unsere beiden kleinen Jungs bereits schlafen, mit den Mädchen zu unterhalten, bis uns die Augen zu fallen. Immer wieder bekommen wir von einem Stachelschwein Besuch und genießen den wunderschönen Sternenhimmel.

Tagsüber sind wir brav beim Clan und passen uns, soweit es unser Gewissen zulässt, an.

Nach vierzehn Tagen werden wir aufgefordert, wieder ins Camp zu ziehen mit der Aussage, dass der Eigentümer des Lean-tos in den nächsten Tagen kommen wird und selbst darin wohnen will. Dies erweist sich im Nachhinein als nicht zutreffend, was auch von vorneherein unsere Vermutung war. Sie wollen uns einfach im Camp haben und unsere Extratouren nicht mehr länger tolerieren. Wir ziehen also zurück, schlafen jedoch nicht mehr im Zelt, sondern unter unserem großen Tarp. Einmal unter den Sternen geschlafen, wollen wir nicht mehr zurück in das dunkle Zelt.

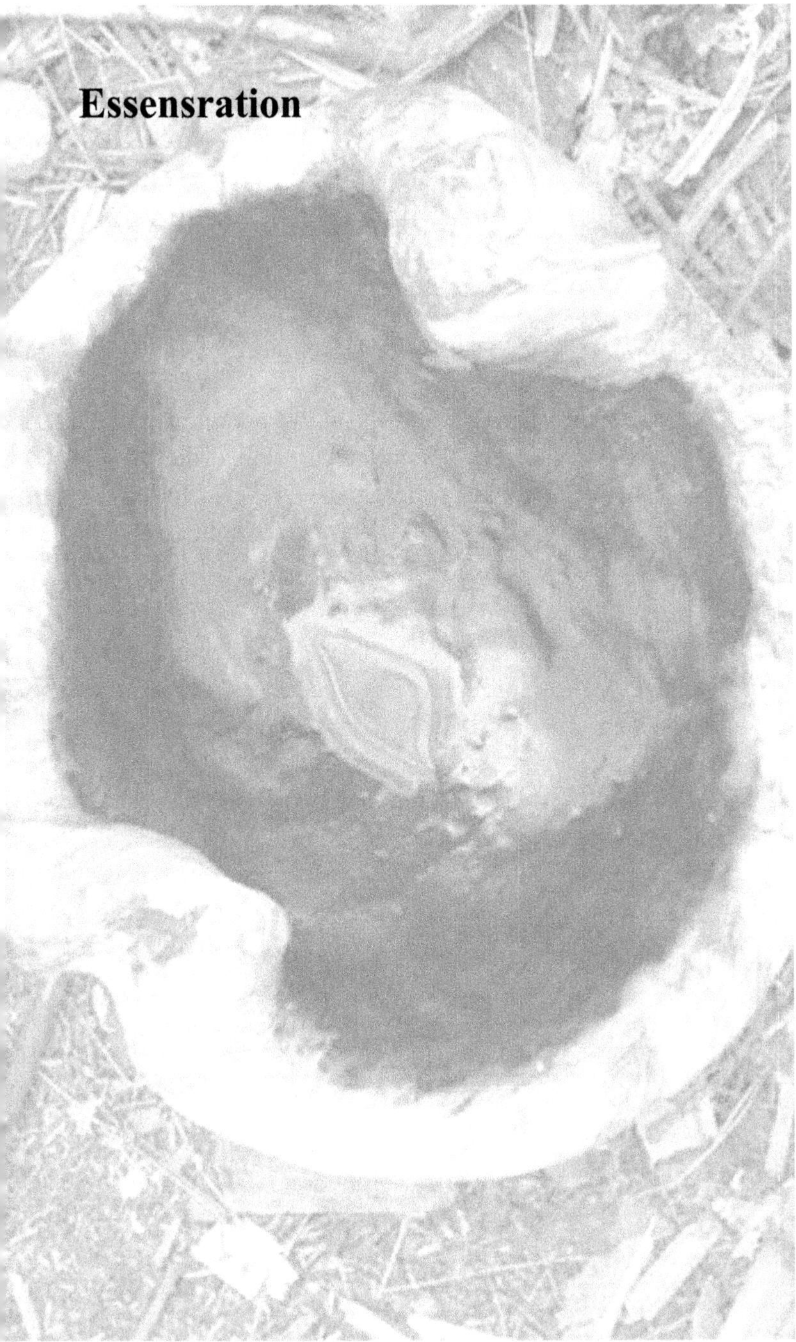
Essensration

Nach dem Umzug zum Clan haben wir wesentlich weniger zu Essen als zuvor. Im Clan selbst fällt das niemanden auf. Jeder hier hat immer noch Hunger und der Blick zum Nächsten fällt meist nur auf den eigenen Bauchnabel und nicht weiter.

Unser ältester Sohn kocht sich sein Essen allein. Eines Abends sitzt er vor seinem Essen, ein Mann aus dem Clan kommt vorbei, starrt in seinen Topf und fragt ihn fassungslos: „Das ist alles Deins?" Es kommt wie ein Vorwurf bei unserem Sohn und bei allen, die um ihn herum sitzen, an. Dass dieser Mann Fisch, Fleisch und Fett hat, was unser Sohn nicht isst, scheint ihm nicht bewusst zu sein.

Nach dieser Aktion sprechen wir mit Teaching Drum und es wird extra ein Workshop darüber gemacht, wie viel uns als Familie zusteht. Danach ist der gesamte Clan sehr schweigsam. Denn es stellt sich heraus, dass wir seit zwanzig Tagen sehr, sehr viel weniger als das, was uns zusteht, erhalten haben und uns in der ganzen Zeit nicht einmal darüber beschwert haben. Ich glaube, den meisten wurde in diesem Moment bewusst, dass der Clan unseren Anteil unter sich aufgeteilt und gegessen hat!

Die „Riesenportion" von unserem Sohn ist also in Wirklichkeit nur ein Bruchteil dessen, was er für seine gesunde Entwicklung benötigt. Ich habe das Gefühl, dass der Clan ein schlechtes Gewissen hat, weil sie eben nicht auf uns als „schwächstes Glied" geachtet haben, wie sie es immer vollmundig versprechen. Die Angst, zu wenig zu bekommen, hat ihnen das Bewusstsein für jemanden anderen vernebelt und so hat keiner von ihnen gemerkt, was eigentlich offenkundig sein sollte.

Der Clan ist einfach zu groß, als dass es realisierbar ist, die Bedürfnisse des Einzelnen zu erkennen. Wir machen deswegen niemandem einen Vorwurf. Wir würden uns nur wünschen, dass man uns in Ruhe lässt und uns nicht immer wieder sagt, dass sie auf uns achten. Wir brauchen und wollen das nicht. Vorausgesetzt man lässt uns machen, wie wir es für richtig erachten.

Wie oft kam meine Partnerin zum Essen und alle Dinge waren gekocht, obwohl alle wissen, dass sie gekochtes Essen nicht verträgt. Sie war bereits stark abgemagert und hatte dann wieder weniger zu essen. Allerdings haben wir als Familie die Möglichkeit, genau das zu tun, was der Clan versucht. Wir sorgen füreinander und haben somit immer für jeden von uns etwas zu essen. Seien es die Bananen für einen unserer jungen Söhne oder eben rohes Gemüse für meine Partnerin. In einer kleinen Gruppe ist das möglich, in einer großen, unserer aktuellen Erfahrung nach, unmöglich.

Die ersten streichen die Segel

Eine Mutter und ihr Sohn (dreizehn Jahre) wollen aus dem Programm aussteigen. Sie kommt mit der Gruppengröße nicht klar, kann sich nicht öffnen und findet keinen tieferen Zugang zu den Menschen. Sie glaubt nicht daran, dass der Clan fähig sein würde, mit ihren Problemen umzugehen, wenn sie diese offenbaren würde. Sie und ihr Sohn sind die ersten, die gehen werden.

Die Ausfallquote bei den Yearlongs ist enorm hoch. Die meisten steigen bereits in den Anfangsmonaten aus. Sie straucheln bei den Umstellungsproblemen der ersten Tage. Die, die dabei bleiben, schaffen oft die nächste Hürde nicht, die in Form von Mosquitos unbarmherzig nervt. Wir hatten großes Glück und hatten nur wenige dieser Plagegeister. Es ist relativ spät, als der erste Erwachsene von uns das Programm verlässt.

Opfer Täter Rollen

Ein Thema, was uns als Clan immer wieder beschäftigt, trägt die Überschrift „Opfer-Täter-Rollen“. Ich empfinde das als ein unwahrscheinlich interessantes Thema. Denn ich entdecke mich immer wieder selbst dabei, als Opfer irgendwo in einer Ecke zu sitzen oder als Täter selbstbewusst herumzustolzieren.

Immer wieder reflektieren wir uns gegenseitig und machen uns bewusst, wann wir in eine Opfer- beziehungsweise in eine Täterrolle schlüpfen.

Opferrolle: Opfer sind defensiv und fühlen sich als arme Menschlein. Typische Aussagen sind „ich kann das nicht, keiner versteht mich, das ist gemein, du musst mir helfen, ich bin zu schwach“.

Täterrolle: Sie eilen den vermeintlichen Opfern gerne zu Hilfe und nehmen ihnen meist ungefragt Dinge aus der Hand, in der Annahme, dass sie es besser können. Sie mischen sich ein, haben ein dominantes Verhalten und geben Antworten auf nicht gestellte Fragen.

Jeder Mensch übernimmt mal die eine und mal die andere Rolle. Vor allem in Beziehungen jedweder Art zieht sich dieses Muster durch wie ein roter Faden. Beides hat zur Folge, dass wir nicht die Verantwortung für unser eigenes Leben übernehmen. Wir haben hier die Möglichkeit, unsere Aufmerksamkeit zu schulen und in Balance zu kommen. Das bedeutet, die alleinige Verantwortung für sein Leben zu übernehmen und Schöpfer dessen zu werden.

In den Redekreisen praktizieren wir „The art of Truthspeaking“, die Kunst (seine) Wahrheit zu erkennen und sie auszudrücken. Auch „Wahrheitssprechung“ oder

„von Herzen sprechen“ genannt. Dazu gehört im gleichen Atemzug auch „The art of Truthlistening“, also die Kunst, die eigene und die Wahrheit anderer wahrzunehmen und anzuerkennen. Zuzuhören, um den anderen zu verstehen und nicht, um einfach nur zu antworten oder darauf zu reagieren, weil man ihn in seine eigene Richtung biegen will.

Tja, hier scheinen wir alle noch auf Level eins zu sein. Mir ist manchmal nicht ganz klar, ob Teaching Drum uns zu verbiegen versucht oder ob wir versuchen, Teaching Drum zu verbiegen?

Danke – Bitte – Entschuldigung

Im Rahmen der Wahrheitssprechung hinterfragen wir unsere diversen Ausdrucksweisen, über die man sicherlich ein ganzes Buch schreiben könnte.

Warum bedanken wir uns? Welchen Sinn hat das? Was steckt dahinter?

Als meine Kinder klein waren, habe ich mich immer dagegen ausgesprochen, dass sie sich irgendwo bedanken sollen. Oft bekamen sie etwas geschenkt und den Standardsatz vieler Mütter "Wie sagt man dann?" habe ich nie über meine Lippen bekommen. Ich habe schon damals den Sinn hinter dieser Ausdrucksform nicht erkannt. Vielmehr sah ich die Dankbarkeit in den glitzernden Augen meiner Kinder oder darin, dass sie das Geschenk benutzten. Das war es, was mich erfüllt hat. Das Wort beziehungsweise die Zusammenstellung mehrerer Buchstaben konnte mir dieses Gefühl nicht geben. Damals versuchte ich meinen Kindern irgendwann zu erklären, dass es sein kann, dass die Menschen, die ihnen etwas schenken unter Umständen ihre Dankbarkeit nicht erkennen und sie ihnen daher durch dieses Wort diese Dankbarkeit ausdrücken können. Mehr wollte ich sie jedoch nicht in diese Richtung drängen. Je öfter wir hier als Clan über die Motivation „Danke" zu sagen nachdenken, umso bestätigter fühle ich mich für mein damaliges Handeln.

Auch das Wort „BITTE" hinterfragen wir. Wie oft höre ich Eltern sagen, wenn Kinder etwas wollen: "Wie heißt das Zauberwort"? Warum werden Kinder dazu erzogen das Wort „bitte" zu benutzen? Warum empfinden wir es als brav und anständig? Was steht hinter diesem Wort? Was soll es ausdrücken, für wen und warum?

Noch tiefer geht die Frage, warum wir uns „ent–schuldigen“. Gibt es Schuld? Woher kommt dieses Wort? Wie wurde es in unserer Gesellschaft geprägt? Warum „ent–schuldigen“ wir uns? Tun uns diese Sachen wirklich leid oder merken wir lediglich, dass wir jemanden durch unser Verhalten verletzt haben und versuchen es so wieder gut zu machen. Und wenn ja, warum versuchen wir es?

Im Rahmen dieses Clans können wir ausprobieren, wie es ist, ohne dieses Regelwerk zu leben. Kein Ent–schuldigen, sondern dazu zu stehen, was man getan hat und nicht die Verantwortung des Gegenübers und wie er mit einer Sache umgeht, auf uns zu nehmen.

Kein künstliches und anerzogenes „Danke“, wenn jemand uns unterstützt, sondern ein darauf vertrauen, dass dieser Mensch es freiwillig getan hat, ohne eine Gegenleistung zu erwarten und zu erkennen, wie sich Dankbarkeit ausdrückt, in mir oder in anderen.

Und auch keine Bittstellung mehr, sondern in Augenhöhe bleiben und ein befreites Fragen, in der der Andere und auch ich selbst Raum bekommen „Nein“ oder „Ja“ zu sagen.

Ich glaube genau das ist ein großes Geschenk in diesem Clanleben, dass wir einen Rahmen haben, der solche Dinge ermöglicht. Im Nachhinein habe ich das viel zu wenig geschätzt und ich bereue, dass ich mich nicht auf alle Prozesse eingelassen habe. Ich glaube, dass ich derart ausgefüllt war in diesem Kampf mit dem Clan, was unsere Andersartigkeit (Vegetarismus) anging, dass ich schlicht weg keine Puste mehr für solche Dinge hatte.

Ein Wort möchte ich noch zum Abschluss näher betrachten. Ein Wort, was mich persönlich begleitet und herausfordert. Das Wort ABER. In diesem Buch gibt es nur ein „aber“ (außer die „aber“ in diesem Kapitel). Ich habe von meiner Tochter ein wörtliches Zitat übernommen. Sie hat das Wort benutzt.

Durch Selbstreflektion merke ich, wie häufig ich dieses Wort benutze und beginne, den Sinn zu hinterfragen und zu analysieren, warum ich es überhaupt verwende. Was möchte ich damit aussagen? Dieses kleine unscheinbare Wort, was ich immer wieder mit einfülle in meine Sätze, es suggeriert, dass zwei Dinge im Widerspruch zueinander stehen. Doch tun sie das tatsächlich? Es negiert also einen Aussagesatz, den ich treffe. Warum? Im Laufe der Zeit merke ich, dass das Wort häufig keinerlei Sinn macht oder meine Aussage verwischt. Mit diesem neuen Bewusstsein beginne ich das Wort und somit auch meine „Aberlebenseinstellung“ mehr und mehr abzulegen. Heute benutze ich es sehr selten. Wenn es mir dann doch rausrutscht, stolpere ich darüber und es wird mir spätestens dann bewusst. Es ist gar nicht so einfach, solch ein eingeschliffenes Wort aus seinem Leben zu verbannen.

Naja und ich muss zugeben, dass ich viele „aber“ mit anderen Wörtern wie „jedoch“ austausche. Aber ich arbeite jedoch daran ☺.

Traumdeutung

Ein anderes spannendes Thema ist die „Traumdeutung“. Ich habe unzählige Bücher darüber gelesen und Lexika, in denen die Symbole des Traums verschiedenartig gedeutet werden und oftmals ist es für mich unbefriedigend, wenn ich versuche meine Träume zu enträtseln.

Hier nun lerne ich einen ganz anderen Ansatz kennen, der mir persönlich schlüssig erscheint.

Jeder Traum hat zwei Ebenen. Die eine Ebene ist das Bild selbst, was wir vor dem inneren Auge sehen, also der Film. Die zweite Ebene sind die Gefühle, die wir dabei haben.

Nehmen wir einmal einen Traum unter die Lupe, der folgendermaßen ablaufen könnte: Jemand träumt von einem Spaziergang mit seiner geliebten Oma. Sie laufen an einer Klippe entlang, womit sich der Träumende unwohl fühlt. Die Oma rutscht auf einmal ab und der Träumende versucht verzweifelt, sie zu halten. Doch sie entgleitet den Händen und stürzt in den Abgrund. Ein schrecklicher Traum und viele haben Angst, es könnte ein Omen für den bevorstehenden Tod der Oma bedeuten.

Schaut man sich jedoch die zweite Ebene an, also die Gefühle, die während des „visuellen Films“ ablaufen, dann erkennt man folgende Gefühle:

1. Wohlbefinden (man ist mit jemanden zusammen, den man liebt)
2. Unwohlsein, diffuse Angstgefühle (der Abgrund macht Angst)

3. Verzweiflung, man bekommt etwas nicht hin (die Oma rutscht und fällt und ich kann sie nicht halten)

Diese Gefühlsebene kann versuchen, dem Träumenden verschiedene Dinge mitzuteilen.

Die ersten beiden Dinge könnten sein: Es gibt aktuell oder in der Zukunft eine Situation, in der genau das gefühlt wird. Man fühlt sich wohl, doch man läuft an einer Klippe entlang und etwas Wichtiges scheint einem aus den Händen zu gleiten und man ist darüber verzweifelt. Es ist also entweder eine Aufarbeitung eines aktuellen Geschehens oder eine Vorbereitung auf eine bevorstehende Sache, die dieselbe gefühlsmäßige Abfolge haben wird. Die Oma ist hierbei lediglich ein Platzhalter für die Gefühle, die das Unterbewusstsein versucht, dem Träumenden durch den Traum bewusst werden zu lassen. Alle Bilder sind „Schauspieler“, die ganz bestimmte Emotionen hervorrufen. Wenn also ein Mensch im Leben Angst vor Spinnen hat, dann nimmt das Unterbewusstsein die Spinne als Schauspieler, um das Gefühl „Angst“ auszudrücken. Ein anderer Mensch, der Spinnen liebt, wird nicht von ihr träumen, wenn er Angst verarbeiten wird.

Ich finde es sehr interessant, meine Träume seither mit diesem Hintergrund anzusehen.

Reiscamp

Heute verabschieden sich zwei Gruppen vom Clan, die in verschiedene Gebiete gehen werden, um Reis zu ernten. Ein Camp wird mehrere Tagesreisen entfernt sein und ein Camp ist etwa zwei Stunden von hier entfernt.

Eigentlich war der Wunsch von Teaching Drum, dass wir in das nahegelegene Reiscamp gehen. Da meine Partnerin sehr geschwächt ist und bei dem Marsch unnötig Energie verbrennen und noch mehr abnehmen würde, dürfen wir bleiben.

So leert sich das Camp und wir sind nur noch sieben Erwachsene und acht Kinder, davon sieben von uns. Unter diesen neuen Umständen atmen und blühen wir regelrecht auf! Endlich finden wir unseren Platz im Clan und selbst unsere Kinder beginnen, sich zu integrieren.

Wir bauen eine kleine Sommerlodge, eine Behausung wie sie in der Steinzeit üblich war. Es wird aus Weiden ein Gerüst gebaut, welches dann mit Grasbüscheln oder Birkenrinde bedeckt wird und so den Regen abhält. Dieser Art Hütten kann kaum ein Wind ernsthaft Schaden zufügen. Es macht uns Spaß und wir haben eine wirklich intensive Zeit mit allen anderen, in der wir uns näher kennenlernen und uns gegenseitig öffnen. All das geschieht ganz natürlich und einfach.

In diesen Tagen überwinde ich auch meinen Ekel vor den Rehhäuten, die derart intensiv stinken, dass mir übel wird und ich bearbeite meine erste große Rehhaut, um daraus Leder zu machen. Aus diesem Leder werden dann Schnüre geschnitten, die wir für den Bau der

Sommerlodge benötigen.

Wir fühlen uns wohl, fassen Vertrauen und schließen uns dem Clanfooddrop an. Bisher haben wir immer unseren Anteil an Gemüse und Eier etc. am ersten Tag der Fooddrop entnommen und teilten uns die Ration selbst ein. Nun jedoch beschließen wir es gemeinschaftlich zu belassen und jeder nimmt, was er braucht. Die einzige Ausnahme machen wir beim Wildreis. Der Clan kocht und isst den gesamten Wildreis nach wie vor am ersten Tag. Wir jedoch teilen ihn so auf, dass wir jeden Tag etwas Reis zu essen haben, denn uns fehlt das Fleisch, der Fisch usw., was der Clan zusätzlich hat. Dieser Schritt, in den Clanfooddrop zu gehen, kommt von uns aus und wir fühlen uns wohl damit und auch die Clanleute freuen sich über ihn.

Nur wenige Tage danach wird von Teaching Drum ein Meeting einberufen und wir werden wieder gebeten, uns in das normale Essen einzugliedern. Wieder und wieder dasselbe Vorgehen. Uns wird nicht die Zeit gegeben, die wir brauchen, sondern immer wieder werden wir in eine bestimmte Richtung geschubst. Warum fehlt es so an Vertrauen, dass alles gut ist, wie es ist? Für uns ist es stimmig, weiterhin so zu leben, wie wir es tun und wir würden uns verleugnen, wenn wir es ändern würden. Geht es darum? Sich selbst zu verleugnen? Sich selbst untreu zu werden zugunsten der Gruppe? Das „ICH“ aufzulösen und ohne Ego als Gruppe zu harmonieren? Was ist es, was einen Menschen ändert? Ich glaube, es ist Vertrauen und Liebe und nicht Druck. Bei Druck passt man sich lediglich an.

Wir werden weiterhin nicht mit dem Clan gemeinsam aus einem Topf essen.

Feuer

Ich habe den großen Wunsch zu lernen, wie ich mit einem Drillbogen Feuer machen kann. Mir ist es dabei wichtig, es alleine zu lernen, ohne dass mir jemand den Weg zeigt.

Bereits seit Wochen versuche ich, mit einer von mir erzeugten Glut Feuer zu entfachen. Verschiedenste Hölzer habe ich durchprobiert und bekomme seit geraumer Zeit dunkelbraunes Pulver beim Reiben hervor und es raucht sogar. Das Pulver ist kalt und außer Rauch passiert nichts, ganz egal was ich auch probiere. Es ist wie zugenagelt. Mit einer mich beängstigenden Geduld versuche ich ein aufs andere Mal immer wieder mein Glück.

Eines Tages drille ich wieder. Diesmal jedoch mit einem anderen Bogen, der mir irgendwie besser zu sein scheint. Mit ihm schaffe ich längere Züge, die kontinuierliche Bewegungen machen und dadurch auch Hitze erzeugen. Ich spüre, dass ich nahe dran bin. Mein braunes Pulver verändert die Farbe. Ich drille immer weiter und weiter und weiter. Es raucht und riecht mehr und mehr nach Feuer. Das Pulver wird dunkler, ich höre auf zu drillen und warte. Ganz sachte streiche ich mit meiner Hand über das Pulverhäufchen, wedle ein wenig Luft dorthin und sehe, wie sich das braunschwarze Pulver beginnt rot zu färben – GLUT! Ich habe mein Zunderbündel vorbereitet neben mir liegen und lege die Glut vorsichtig hinein. Mit dem Zunderbündel laufe ich etwa 50 Meter zum Clan, wo meine Partnerin und die Kinder sind. Mit einem breiten Grinsen puste ich sachte in mein Zunderbündel, bis sich mein erstes Feuer entfacht! Ein Meilenstein für mich! Ich habe es geschafft! Welches überwältigende Gefühl, Feuer zu machen mit einem Drillbogen. Und so schwer war es im Nachhinein gar nicht.

Eine Clanfrau hatte mir erzählt, dass das Drillbogenset verschiedene Symboliken darstellt. Ich kann mich nicht mehr an alles erinnern und vielleicht gebe ich es auch nicht absolut richtig wieder:

Das Brett und die Spindel symbolisieren das Weibliche und Männliche (Scheide und Penis). Der Abrieb (Pulver, Glut) ist das Sperma, was durch sanftes Pusten in einem Zunderbündel (Gebärmutter) zu Feuer (Leben) erweckt wird. Der Bogen ist das Symbol für Gott.

Für mich war es interessant, dass ich erst dann Feuer entzünden konnte, als ich einen „neuen“ Gott, also einen neuen Bogen benutze. Der alte Bogen war einfach zu kurz und die Bewegungen, die ich mit ihm hinbekam, konnten nicht lange genug die Spindel drehen. Sie kam immer wieder zum Stillstand und deswegen wurde der Abrieb nicht heiß genug. Mit dem neuen, viel längeren Bogen, konnte ich ausladendere und fließendere Bewegungen vollführen, die schlussendlich das Feuer hervorbrachten.

Auch unsere Mädchen üben fleißig mit dem Drillbogen. Zweien gelingt es ein Feuer damit zu entfachen.

Die nächsten wollen gehen

Das Paar, was zu Beginn des Programms abgetrieben hat, offenbart dem Clan, dass sie Anfang Oktober gehen wollen. Es ist Anfang September. Darüber gibt es nun ein Meeting mit Teaching Drum. Diese fordern die beiden auf, sich gleich zu entscheiden und wenn sie gehen wollen, es sofort zu tun. Das Meeting geht bis spät in die Nacht. Sie bekommen eine Nacht Bedenkzeit.

Am nächsten Tag ist davon jedoch nichts mehr zu hören, vielmehr werden wir alle von Teaching Drum aufgefordert, zu einem anderen Reisfeld zu gehen, um Wildreis zu ernten. Wir haben alle die Vermutung, dass diese Reisernte derart wichtig ist für Teaching Drum und sie deswegen die beiden als Arbeitskraft haben wollen und somit doch akzeptieren, dass sie erst im Oktober gehen werden.

Auch wir sollen mitgehen. Der Weg dorthin ist sehr beschwerlich. Es steht uns ein einstündiger Fußmarsch durch den Wald und dann vier Stunden mit einem bepackten Kanu bevor. Vor wenigen Tagen war es klar, dass meine Partnerin in ihrem Zustand nicht fähig ist, zum nahe gelegenen Reiscamp zu laufen und nun solch eine Strecke?

Wir sind zwei Frauen mit sieben Kindern und müssen nun die Reise organisieren, packen usw. Hier kommt uns zu Gutem dass wir ein eingespieltes Team sind. Ein anderes Elternpaar ist mit seinem Kleinkind überfordert und will immer wieder Hilfe vom Clan. Es schockiert mich, wie sehr sie sich abhängig machen von anderen und völlig überfordert sind mit nur einem Kind. Immer wieder begeben sie sich in die hilflose

Rolle.

Wir packen also alle die Dinge, die wir zum Reiscamp mitnehmen werden, um früh am nächsten Morgen reisefertig zu sein.

Das meiste Gepäck wird von unserem Camp aus mit einem Auto an einen See gebracht, wo auch Kanus bereitstehen. Unsere erste Etappe ist also quer durch den Wald zu diesem See. Auf dem Rücken tragen meine Partnerin und ich unsere beiden kleinen Jungs. In unserer Gruppe ist auch das Paar, das abgetrieben hat. Wir verstehen uns mittlerweile sehr gut und die Abtreibung steht nicht mehr zwischen uns. Wir finden es nicht richtig, was sie getan haben, doch wir verurteilen sie nicht dafür. Sie sind es, die damit leben müssen und die alleinige Verantwortung für ihr Handeln tragen. Umso mehr, da sie das Programm vorzeitig abbrechen wollen. Hätten sie nicht abgetrieben, dann wären sie jetzt mit einem zweiten Kind schwanger. Wir haben viel Zeit miteinander zu reden und lernen uns so besser kennen und verstehen.

Beim See angekommen werden die Kanus bepackt und wir fahren nun weiter über verschiedene Seen, die miteinander verbunden sind. Leider sehen wir unwahrscheinlich viele zivilisatorische Dinge wie Häuser, Autos, vorbeidonnernde LKWs und Motorboote, dabei sind wir doch in der Steinzeit. Alle Dinge, von denen wir froh sind, sie nicht sehen zu müssen, sind wieder da. Wir machen auf einer Insel, auf der Seeadler leben, einen Zwischenstopp. Unsere Kinder sammeln begeistert und erfolgreich Federn, wie überall wo wir sind. Eine Frau aus dem Clan hat mit der Federsuche große

Probleme und ist sehr aufgebracht. Sie findet keine Federn und macht einen sehr zerknüllten Eindruck. Sie möchte dem Guide Adlerfedern schenken, weil sein Totem der Seeadler ist und er ein Ritual plant, das sein Totem ehrt. Sie sieht, dass eine unserer Töchter eine wunderschöne Feder gefunden hat und bittet sie, diese Feder dem Guide zu schenken. Diese Bitte kommt jedoch durch ihre mentale Verfassung eher als Befehl bei uns an.

Für mich macht ihre Aufforderung an dieses Mädchen, jemanden etwas zu schenken, keinen Sinn und ich finde das einen großen Eingriff in das Leben eines Kindes, welches bisher nie die Möglichkeit hatte, wilde Adlerfedern zu finden. Der Guide hingegen lebt hier und wenn er es für sein Ritual benötigt, wäre es dann nicht sinnvoller, er selbst findet eine solche Feder dafür? Ich selbst würde ein Kind nie danach fragen oder es dazu auffordern, etwas ihm wertvolles ohne einen freiwilligen Impuls verschenken zu müssen. Daher rede ich noch einmal mit meiner Tochter und bitte sie, frei zu entscheiden, was sie mit der Feder tun möchte, denn ich spüre ihre Unsicherheit und dass sie durch die Vehemenz der Frau aus dem Clan unter Druck steht.

Nach einer kurzen Pause paddeln wir weiter. Meine Partnerin und ich fahren zusammen in einem großen Kanu mit den beiden Jungs und viel Gepäck. Das Kanu ist schwer und unsere Arme werden mit jedem Paddelzug kraftloser, während die Sonne stetig ihren Weg nach Westen geht.

Unser ältester Sohn fährt ein Kanu allein und die vier

Mädchen teilen sich je zu zweit ein Kanu. Wir hören von ihnen entweder Gezeter, weil sie sich nicht immer einig sind, wie sie paddeln sollen, vor allem in den kleinen Verbindungsflüsschen zwischen den Seen oder wir hören sie singen.

Endlich kommen wir am Ziel an und laden unsere Kanus aus. Für die Reisernte hat Teaching Drum uns zugesichert, Tarps für uns zur Verfügung zu stellen als Wetterschutz. Wir bekommen ein Tarp, welches völlig durchlöchert ist, bauen unser Schweizer-Käse-Tarp auf und fallen erschöpft in die Schlafsäcke. Mittlerweile können wir auf blankem Boden schlafen, ohne Probleme dabei zu bekommen. Wir passen uns irgendwie den Steinen, Wurzeln und Stöcken an und können unsere Knochen zwischen sie hineinpuzzeln.

In der Nacht beginnt es zu regnen und das Wasser tropft durch die Löcher. So wachen wir am nächsten Morgen völlig durchnässt auf. Alle Schlafsäcke sind durchgeweicht. Wir verbringen den gesamten ersten Tag mit dem Trocknen unserer Schlafsäcke.

Am nächsten Tag geht es los mit der Reisernte. Meine Partnerin wird diese Arbeit nicht tun können, sie hat durch die Reise wieder viel Kalorien verbrannt und wird im Camp bleiben, um das Kochen mit zu übernehmen. Unsere Kinder gehen mit zum Reisernten. Es gibt jedoch nicht viel zu ernten und die Ausbeute ist gering.

Irgendwie verstehen wir nicht wirklich, welchen Sinn es für uns hat, hier zu sein. Im Camp hätten wir die Sommerlodge weiterbauen können.

In das Reiscamp kommen immer wieder Besucher, es ist ein stetiges Kommen und Gehen. Familienangehörige, Menschen, die eigentlich auch beim Familyyearlong teilnehmen wollten, jedoch aus gesundheitlichen Gründen absagen mussten, junge Leute, die vielleicht am nächsten Yearlong teilnehmen wollen und mal reinschnuppern, auf was sie sich unter Umständen einlassen. Und schließlich kommen noch fünf Clanleute, die bei einem anderen Reiscamp waren und die wir einen Monat lang nicht gesehen hatten.

Es ist also eine große Unruhe und immer wieder wird die Gruppe neu durchgemischt. Die Ernte verläuft dementsprechend unkoordiniert und keiner ist wirklich motiviert, die wenigen Reiskörner ins Boot zu holen. Der Reis, der geerntet werden kann, wird auf Plastikplanen zum Trocknen verteilt. Unsere Aufgabe ist es, die Reiswürmer heraus zu sammeln. Viele der Clanmitglieder essen die Würmer lebendig oder sie werden in das Bärenfett gegeben. Unsere Kinder retten einige der Reiswürmer, indem sie sie vor den Clanleuten in Sicherheit bringen.

Hier im Reiscamp wasche ich mich immer auf einem Baumstamm, der der Länge nach ins Wasser hineinreicht und sehe zum ersten Mal seit Monaten mein Gesicht im Wasserspiegel. Ich habe derart viele Falten bekommen. Mittlerweile habe ich fünfzehn Kilogramm abgenommen und das sehe ich nun schemenhaft im Wasser. Wie wird das sein, wenn ich mich nach all der Zeit wieder im Spiegel sehen werde und so viel abgenommen habe?

Nach etwa einer Woche Reisernte hat Teaching Drum

ein Einsehen. Es gibt einfach zu wenig Reis zum Ernten und wir sollen nun Gras ernten. Das Gras wird dann getrocknet, zu Bündeln gemacht und eingelagert, um es bei Bedarf für den Dachbau an den Sommerlodges zu verwenden.

Wir wachsen als Gruppe allmählich zusammen und an einem Abend lachen wir das erste Mal über uns selbst. Wir ziehen all die Dinge durch den Kakao, die wir hier erlebt haben. All die typischen Sätze, die jeder so von sich gibt, werden mit liebevoller Ironie belacht und das Eis bricht zwischen uns. Die Ernsthaftigkeit verschwindet und wir beginnen Freunde zu werden.

Ohne Einteilung funktionieren die Tage super. Jeder macht das, wozu er Lust hat und doch oder gerade deswegen ist für alles gesorgt. Wir brauchen keine Kontrolle mehr, wer was macht und es ist auch kein Misstrauen mehr zu spüren, sondern vielmehr eine Freiheit und ein Vertrauen in einander. In dieser Zeit teilt das eine Paar uns seine endgültige Entscheidung mit. Sie werden das Programm im Oktober verlassen.

Am Tag danach überschlagen sich die Ereignisse. Es beginnt damit, dass wir angewiesen werden, das Reiscamp zu verlassen. Denn es wäre nun kein Reiscamp mehr, sondern ein Grascamp. Nur diejenigen, die Gras ernten sollen bleiben, alle anderen sollen zurück ins Hauptcamp gehen.

Wir machen den Vorschlag, das Kochen und Feuerholzsammeln zu übernehmen, während die anderen Gras ernten und ihnen somit den Rücken frei zu halten. Unser Vorschlag wird abgelehnt. Gerade jetzt, wo wir zusammengefunden haben, sollen wir uns also wieder trennen. Wieder zurück in diesen riesigen Clan, uns graut davor.

Durch anhaltenden Regen ist es kein günstiges Reisewetter. Unter keinen Umständen wollen wir vier Stunden mit dem Kanu durch Regen paddeln und dann eine weitere Stunde zum Camp laufen. Wir haben mittlerweile gelernt, dass wir tun müssen, was vorgegeben wird. Es ist alles eine Frage der Zeit. Man kann sich dagegen auflehnen, doch zum Schluss wird doch das gemacht, was die Vorgabe von Teaching Drum ist. Daher entscheiden wir zu gehen, sobald das Wetter aufhellt.

Wir fragen Teaching Drum, ob es möglich ist, bei der Rückfahrt mit dem Kanu für zwei Stunden im Basislager einen Zwischenstopp zu machen, um unsere Winterausrüstung vorzubereiten und die Sommerschlafsäcke gegen die Winterschlafsäcke auszutauschen, denn es wird bereits sehr kalt in der Nacht. Das Basislager liegt direkt auf dem Weg zum Hauptcamp. Alle anderen im Clan nehmen den monatlichen Besuch im Basislager wahr und können so ihre Dinge austauschen. Da wir nie die monatlichen Besuche wahrnehmen, sehen wir keinerlei Problem darin. Teaching Drum jedoch schon, denn es ist nicht die normale Besuchszeit.

Manchmal frage ich mich, wer hier flexibel wie eine Brechstange ist, Teaching Drum oder ich? Oder ob es nur Teil des Programms ist, die Menschen an ihre jeweiligen Grenzen zu führen, sie anpassungsfähig zu machen sowie sie zu lehren mit und in jeder Situation klar zu kommen beziehungsweise mit ihr konstruktiv umgehen zu können.

Andere aus dem Clan haben sich auf dem Hinweg ins Reiscamp einfach ins Lager geschlichen und ihr Equipment umgetauscht. Manchmal ist Fragen einfach hinderlich. Wer viel fragt, bekommt viele Antworten. Schlussendlich können wir doch einen Kompromiss finden und dürfen unsere Ausrüstung austauschen.

Nachdem also klar ist, wer zur Grasernte zurückbleibt, wird dem Paar mit ihrem Jungen gesagt, dass sie sofort am nächsten Tag zu gehen haben, unabhängig vom Wetter und ohne Rücksicht auf ihr Kleinkind. Früh am nächsten Morgen brechen sie bei Regen auf ins Hauptcamp, um dort ihr Zelt abzubrechen und dann ins Basislager zu gehen.

Jeder, der das Programm abbricht, hat eine Woche Zeit, in der er wieder zurückkehren kann. Danach ist eine Rückkehr in den Clan nicht mehr möglich. Gleich im ersten Monat ist ein junger Mann gegangen. Hals über Kopf ist er mit dem Notfallauto, was am Rande des Waldgebietes von Teaching Drum für mögliche Notfälle steht, geflüchtet. Bei einem Telefonat mit seinem Vater sagte dieser zu ihm: "Ihr habt es schwer, denn ihr seid alle freiwillig dort und ihr könnt jederzeit gehen. Allem, was ihr euch aussetzt, steht nur euer Wille gegenüber. Ein Soldat, der solch eine Ausbildung macht, handelt auf Befehl und ihm bleibt nichts anderes übrig, als zu gehorchen. Ihr seid frei, das ist eine große Herausforderung".

Ich fand diese Worte sehr weise. Der junge Mann wohl auch, denn er kam vor Ablauf der Woche wieder zurück zum Clan. Dieses Paar wird den Clan jedoch für immer verlassen.

Bei Tagesanbruch beschließen auch wir, zu packen und zurück in unser Camp zu gehen. Als alles in die Kanus verladen ist, paddeln wir los. Immer die Wolken im Blick und die Hoffnung, dass das Wetter hält. Über die verschiedenen Seen geht es zurück. Als wir in einem Verbindungsfluss paddeln, hören wir auf einmal jemanden singen. Es hört sich an wie ein Mann aus dem Clan, der mich ein wenig an Frodo aus dem Buch „Herr der Ringe“ erinnert und eigentlich immerzu singt. Und tatsächlich erscheint er auf einmal, als wir die nächste Kurve hinter uns lassen und ich muss lachen. Er ist auf dem Weg zum Grascamp, wir grüßen uns kurz und fahren weiter.

In der Zwischenzeit brauen sich immer mehr Wolken zusammen und auf dem Adlersee türmen sich hohe Wellen. Wir müssen diesen See überqueren und schaffen es kaum, gegen den Wind und die Wellen anzukommen. Wir paddeln und paddeln, können uns kaum verständigen und brüllen uns gegen den Wind an, um uns zu hören. Der Abstand zwischen uns und den Kinder wird stetig größer und ich bekomme Angst, sie aus den Augen zu verlieren. Jeder von uns kämpft nun auf sich alleine gestellt gegen die Wellen und den Wind an. Alle beißen die Zähne zusammen, um an das andere Ufer zu gelangen. Nach einer endlosen Zeit treffen wir uns schließlich alle unversehrt auf der anderen Seite des Sees. Dort befindet sich der Übergang zum nächsten See, eine Art Kanal, der sich kurvig windet. Wind und Wellen sind verschwunden. Nun fängt es an zu regnen.

Zunächst bin ich sauer und es macht mich wütend, nass zu werden. Doch mit der Zeit merke ich, dass es gar nicht so schlimm ist. Unsere Wollwäsche wärmt uns und hält die Feuchtigkeit fern von der Haut. Über dem Wasser ist Nebel und so gleiten wir eingehüllt in einer zauberhaften Stille über den nächsten See, dabei kommt eine magische Stimmung auf.

Illegaler Weise übernachten wir auf dem Gelände von Teaching Drum, was uns jedoch egal ist. Wir haben entschieden mit unseren sieben Kindern nicht irgendwo bei Regen einen Unterschlupf zu suchen, sondern nutzen das Gebiet von Teaching Drum, auf dem ein Lean-to steht, das regelmäßig von Seekern benutzt wird. Sie fragen einfach nicht und benutzen es. Nun tun wir es ihnen gleich, wir sind ja durchaus lernfähig. Dieses Waldstück ist nur fünfzehn Minuten vom Basislager entfernt und es werden hier von Teaching Drum Wildniskurse angeboten.

Zwei Nächte verbringen wir dort und haben genügend Zeit, all die Dinge zu erledigen, die wir uns vorgenommen haben. Dann fahren wir weiter in Richtung unseres Camps. Unser Gepäck wird mit dem Auto dorthin transportiert und wir laufen wieder den letzten Teil der Strecke zurück in unser Waldlager.

Als wir im Camp ankommen, ist unser Zelt völlig eingefallen und innen nass. Keiner hat sich darum gekümmert, es nach einem Sturm wieder aufzubauen.

Unser Gepäck kommt völlig durchnässt im Camp an, weil beim Transport keine Plane darüber gelegt wurde.

Alles Feuerholz ist leer und wir haben keine Möglichkeit, all das nasse Zeug zu trocknen und dementsprechend frustriert sind wir über das Verhalten vom Clan. Immer wieder wird betont, dass wir nicht alles alleine zu tragen haben und der Clan füreinander sorgt. Mich nervt diese Schönfärberei, die an der Realität vorbeischießt.

Der Clan kommt zusammen – Umzug in die Sommerlodges

Langsam werden alle Außencamps beendet und der Clan findet wieder zusammen. Nur die Guardians aus dem Grascamp fehlen noch.

In unserer Abwesenheit ist noch eine zusätzliche Sommerlodge gebaut worden und wir sind kurz davor, dort einzuziehen. Es ist bereits Ende September und normalerweise ziehen die Leute, die das Yearlong machen, bereits nach drei Monaten in die Sommerlodge. Mit Familien ist dieses Programm einfach viel träger.

Wir besprechen, wie wir es machen wollen mit dem Umzug in die Lodges und ich spreche mich dafür aus zu warten, bis wir als gesamter Clan anwesend sind. Der Programmleiter ermutigt uns, einen Termin anzusetzen, wann wir umziehen wollen, damit wir alles daran setzen, die Lodges fertig zu stellen. Die anderen wollen jedoch schon so schnell es geht umziehen und so wird beschlossen zu entscheiden, wer wo schläft und dann an einem bestimmten Tag umzuziehen, auch wenn noch Leute fehlen, denn wir wissen nicht, wann die letzten Clanmitglieder kommen werden.

Damit beginnt wieder ein interessantes Kapitel, denn der Clan will ja jedem Bedürfnis begegnen. Also werden die Wünsche aller Clanmitglieder angehört und ausgiebig besprochen. Uns ist bei dem Gedanken, in die Sommerlodges zu ziehen, mehr als mulmig zumute. Es gibt insgesamt fünf Lodges, die ganz in der Nähe der Feuerstellen, wo das Clanleben sich abspielt, sehr dicht aneinander stehen. So nah beieinander zu sein, also noch weniger Privatsphäre zu haben, ist beängstigend für mich. Hinzukommen unsere unterschiedlichen Schlafbedürfnisse. All das erscheint mir als ein riesiger Berg der Überwindung.

Es gibt eine Mammutlodge, die größte Lodge, in die wir als Familie einziehen könnten. Da wir sehen, welche anderen Wünsche es noch gibt, machen wir einen großen Kompromiss und bieten an, als Familie zwei kleine Lodges zu beziehen. Der Clan ist sehr dankbar für diesen Vorschlag, denn durch diese Entscheidung, in der wir unser Bedürfnis dem des Clans untergeordnet haben, werden alle Wünsche erfüllt. Am nächsten Tag ziehen wir alle freudig ein.

Nach nur einer Nacht in den Sommerlodges kommt der Programmleiter und ist sehr enttäuscht darüber, dass wir ohne die anderen Clanmitglieder umgezogen sind. Dabei hat er doch gesagt, dass wir einen Termin festlegen sollen. Er hat eine Liste aufgestellt, wie wir schlafen sollen und wirft somit unseren eigenen Plan völlig durcheinander. Wir sind als Clan durch einen wichtigen Prozess gegangen, haben wirklich gelernt, auf alle Bedürfnisse Rücksicht zu nehmen und haben in unseren Augen einen Meilenstein an Vertrauen überwunden. Nun soll das alles umgeschmissen werden. Wieder fragen wir uns, ob dies wirklich unser Yearlong ist, welches wir als Clan gestalten oder ob wir tatsächlich nur dem entsprechen sollen, was Teaching Drum uns vorgibt. Oder eben, ob dies einfach eine Art Psychospiel ist, bei dem wir immer wieder bewusst an unsere Grenzen gebracht werden.

Der Plan vom Programmleiter sieht so aus, dass meine Partnerin und ich mit den beiden kleinen Jungs und unserer jüngsten Tochter in einer Lodge schlafen, die ganz außen im Lager ist. Zusammen mit uns soll in diese Lodge auch eine Clanfrau mit ihrem Kleinkind einziehen.

Unsere anderen Kinder sollen mit allen anderen Clankindern in der großen Mammutlodge schlafen.

In diesem Moment sehe ich einfach nur noch rot! Ich bin wütend und dies ist der Tropfen, der mein Fass endgültig zum Überlaufen bringt.

Unsere pubertierenden Mädchen wollen nicht mit den Jungs in einer Lodge schlafen. Ihnen wachsen Brüste und es könnte sein, dass ihre Menstruation wieder einsetzt. Unter keinen Umständen wollen sie nachts in Gegenwart der Jungs ihre Binden wechseln, was ich gut verstehen kann! Was ist das für eine Idee, die er da hat?!

Und vor allem, was soll das, uns ausgerechnet mit der anderen Clanfrau zusammen stecken zu wollen? Wir haben bereits unruhige Nächte durch unsere beiden Kleinkinder. Nun soll ein weiteres Kleinkind hinzukommen, damit sie sich gegenseitig noch öfter nachts wecken?!

Der Clanleiter meint, dass wir uns gegenseitig wunderbar als Mütter von Kleinkindern unterstützen können. Ich halte das für völligen Blödsinn. Wenn mein Sohn nachts Pipi muss, habe ich keine Probleme ihn zu begleiten. Er würde zudem nachts eher Theater machen, wenn auf einmal die andere Clanfrau mit ihm Pipi machen gehen möchte! Es würde viel mehr Unruhe entstehen als notwendig ist, davon abgesehen habe ich keinerlei Interesse daran, das andere Mädchen zu betreuen. Meine eigenen Kinder genügen mir. Auf das andere Mädchen aufzupassen, wenn ihre entnervte Mutter keine Lust hat, überfordert und genervt ist, habe ich keinen Bedarf. Zudem ist die andere Clanfrau nicht unbedingt ein einfacher Charakter. Auf mich macht sie einen anstrengenden Eindruck. Vielleicht ist ja genau das der gewollte Plan? Wieder eine Grenze, an die uns das Programm bringen soll?

Sie und eine weitere Clanfrau fühlen sich dauernd von jemand „getriggert" und mir ist das einfach zu anstrengend. Ich bin stinksauer, gehe dementsprechend auf den Programmleiter zu und sage ihm klar und deutlich, dass hier meine Grenze erreicht ist und ich mich schlichtweg weigere, auf seinen Vorschlag einzugehen. Ich frage ihn direkt, ob sein Vorschlag ein Vorschlag ist oder ein versteckter Befehl. Nachdem er mir versichert, dass er uns lediglich herausfordern will und wir jedoch frei entscheiden können, ob wir uns der Herausforderung stellen oder nicht, schreibe ich mir das auf. Denn meine bisherige Erfahrung ist, dass am Anfang Vorschläge gemacht werden, die in Wirklichkeit Befehle sind, denen man früher oder später Folge zu leisten hat oder aus dem Programm geschmissen wird. So kann ich dann wenigstens nachlesen, was er gesagt hat. Manchmal benötigt man etwas Humor.

Er sagt zu mir, dass er niemanden hinauswirft, es sei denn, die körperliche Verfassung ist derart schlecht, dass es lebensgefährlich ist. Ansonsten wäre jeder frei zu tun, was er für richtig hält und er fände es sogar wichtig, dass jeder nur das tut, was er mit seinem Gewissen vereinbaren kann. Nach meinen bisherigen

Erfahrungen kann ich seine Aussage nicht ganz bestätigen.

Die andere Clanfrau fühlt sich vor den Kopf gestoßen. Sie wäre allzu gerne bei uns eingezogen. Wie mir scheint ist sie ist froh um jede Minute, in der sie nicht mit ihrer Tochter zusammen sein muss. Sie ist das völlige Gegenteil von uns. Sie bittet uns, es wenigstens zu versuchen, was ich kategorisch ablehne.

Da unsere Mädchen partout nicht mit den Jungs in eine Lodge ziehen wollen, zwängen wir uns mit acht Personen in die kleine Lodge. Unser ältester Sohn schläft bei den Guardians.

In dieser Zeit werden die Winterlodges gebaut. Insgesamt gibt es drei verschiedene Baustellen und wir sind in drei Teams aufgeteilt. Unser Guide scheint unter einem immensen Druck zu stehen. Die Verantwortung, die er auf seinen Schultern trägt, scheint ihm schwer zu schaffen zu machen. Es gibt mehrere Situationen, in denen er, meines Erachtens in Folge angestauter Aggressionen, sehr heftig reagiert und nicht mehr so entspannt sein kann wie noch vor Monaten.

Einmal schmeißt er sehr unsanft zwei von den Jungs, die am Feuer herumtoben, aus diesem Gebiet hinaus. Dabei sind sehr viele Emotionen und Aggressionen bei ihm zu sehen. Alle, die darum herum sitzen, sind geschockt.

Die Zeit drängt und es ist noch so viel zu erledigen, bevor der Winter kommt. Seine Frau hat durch eine chronische Erkrankung starke Schmerzen. Er hat mit seinem eigenen inneren Schweinehund zu tun. Und dann auch noch der Clan. Ich habe großen Respekt vor seiner Leistung.

Der Winter rückt näher und er motiviert uns, viel Zeit in den Bau der Winterlodges zu investieren. In meiner Gruppe kommt es jedoch zu vielen Leerläufen, weil der Guide einfach mit der Organisation überfordert ist und niemand so recht weiß, was der nächste Schritt ist.

Meine Partnerin übernimmt in dieser Zeit die gesamte vegetarische Küche für den Clan und unsere Familie. Sie hält dem Clan den Rücken frei.

Zu alledem erhalten wir dann auch noch säckeweise schwarze Walnüsse, von denen wir die Schale abmachen müssen. Wir als Familie übernehmen dreiviertel der Säcke und der Rest des Clans kann sich auf den Bau der Winterlodges konzentrieren.

Mittlerweile, also nach fünf Monaten, ist die Hungerszeit endlich vorbei, wir haben alle genug zu essen und können unser Gewicht halten.

Abends wird es nun immer früher dunkel und wir lernen zu schlafen, auch wenn der Rest des Clans noch auf den Beinen ist.

Als wir eines Abends sehr leise miteinander in unserer Lodge reden, ruft die Clanfrau, die bei uns hätte schlafen sollen, genervt von der Nachbarlodge herüber, wir sollen leise sein. Eine weitere Clanfrau, die auch dort schläft, hat uns am nächsten Tag bestätigt, dass wir fast nicht zu hören waren. Sie gerät andauernd in Stress mit der anderen Clanfrau, weil sie zu laut ist oder irgendetwas anderes tut, was diese nervt. Und das muss nicht unbedingt viel sein. Wir sind froh, dass sie nicht bei uns in der Lodge schläft!

Seit wir alle in den verschiedenen Camps gewesen sind, wird sich nicht mehr zum Morgenmeeting getroffen und dies soll sich nun wieder ändern. Es ist einfach zu viel zu tun und das benötigt mehr Koordination. Mit Sonnenaufgang soll sich nun der Clan versammeln und jeder kurz sagen, was er an diesem Tag tun wird. Und das obwohl durch die Teams eigentlich klar ersichtlich ist, wer was tut. In Wirklichkeit geht es einfach nur darum, sich morgens zu treffen, weil das einfach zum Programm gehört. Wir und auch zwei weitere Clanfrauen sind von dieser Idee nicht begeistert. Die eine von ihnen steht morgens sehr früh auf und im Sommer hat sie den Clan mit sehr vielen Fischen, die sie angelte, versorgt. Doch sie ist morgens nicht ansprechbar und will deswegen einfach in ihrem Rhythmus den Tag beginnen und so produktiver sein.

Wir und noch eine Clanfrau haben nach wie vor unsere beiden Stillkinder, Kleinkinder, die einfach mehr Schlaf benötigen als wir. Wir wollen sie morgens nicht alleine lassen. Vor allem, weil wir jeden Tag sowieso immer dasselbe machen. Außerdem können wir auch kurz am Abendessen sagen, was wir am nächsten Tag vorhaben.

Teaching Drum besteht auf dem Morgenappell ganz egal, was mit unseren Kindern ist. Sie machen ernsthaft den Vorschlag, sich vor unserer Hütte zu treffen, damit wir zuhören können. Dann würden die Kinder wach werden und genau darum ging es uns. Sie brauchen einfach mehr Schlaf.

In einem Redekreis thematisieren wir das Morgenmeeting. Die Situation eskaliert regelrecht. Der Guide sagt, dass wir und die andere Clanfrau uns überlegen sollen, warum wir hier sind, wenn wir nicht zum Morgenmeeting erscheinen und dann die Konsequenz ziehen und gehen sollen. Ein weiteres Paar bläst in dasselbe Horn. Wir seien Störfaktoren und würden den Clan blockieren in seinem Fluss. Auch die Frau des Guides hat ein riesen Problem damit, dass wir nicht so essen wie sie und dass sie nicht versteht, warum wir hier sind und es sei besser, wir würden gehen.

Alle anderen halten ihren Mund. Nur eine Clanfrau hat den Mut ihre Meinung zu sagen. Sie ist tolerant und erkennt unsere Individualität an.

Immer wieder gibt es diese Momente, in denen wir das Gefühl haben, dass die Leute abhängig sind vom Teaching Drum Leiter. Sie versuchen, es ihm recht zu machen und in seine Fußstapfen zu treten. Manchmal haben wir auch das Gefühl, dass irgendwelche Leute eine Art Spionageeigenschaft haben und der Programmleitung interne Dinge erzählen. Bei den wenigsten bin ich sicher, ob sie ihre eigene Meinung kundgeben beziehungsweise überhaupt eine eigene Meinung haben oder nur den Abklatsch von Teaching Drum von sich geben.

Ich rede nach dieser für mich heftigen Reaktion unseres Guides mit dem Leiter von Teaching Drum und frage ihn direkt, ob es auch in seinem Sinne sei, dass wir gehen sollen, wenn wir uns nicht anpassen wollen. Er sagt, dass es nicht in seinem Sinne ist und er lediglich Vorschläge macht, die niemanden zwingen etwas zu tun. Meine Erfahrung jedoch ist mittlerweile eine andere. Der Programmleiter hat seinen Weg und sein Ziel, dem er unnachgiebig folgt. Zu Beginn, wenn jemand aus der Reihe tanzt, ist beziehungsweise erscheint er noch sehr verständnisvoll. Das legt sich in dem Maße wie der Druck, den er ausübt, zunimmt.

So dauert es nicht lange und in einem neuen Meeting ruft der Programmleiter den Clan dazu auf „uns zu helfen“ bei unserer Integration. Hierfür wird ein Meeting einberufen „helft den Rainbows“. Wir haben nicht um Hilfe gebeten, weil wir keine Hilfe brauchen. Wir sind in dem Maße, wie wir es wollen und für uns verantworten können, integriert. Aus diesem Grund teilen wir dem „Rainbow Retterteam“ mit, dass wir nicht an dem Meeting teilnehmen werden und wir es ziemlich befremdlich finden, dass sich da Menschen treffen, um Menschen zu helfen, die gar keine Hilfe wollen.

So findet also dieses Treffen zunächst ohne uns statt. Nacheinander kommen drei Leute mit der Botschaft vom Programmleiter, „wir mögen doch bitte kommen“, zu uns. Wir schicken sie immer mit derselben Botschaft zurück: „kein Interesse“. Schließlich kommt der Springer ein letztes Mal mit der Botschaft: „Wir dürfen das Thema selbst wählen und es würde nicht darum gehen, uns zu helfen“. Daraufhin lassen wir uns breitschlagen und gehen zu diesem Treffen.

Wir fragen Teaching Drum nach der weiteren Entwicklung bezüglich des Wintercamps und wie wir da einquartiert werden würden. Es stellt sich heraus, dass es bereits jetzt schon klar ist, dass wir nicht mit unseren Kindern in einer Lodge schlafen werden und die Sommerlodges also nur die Vorstufe davon sind. Es gibt nur zwei Winterlodges, die mit Feuer beheizbar sind und eine Winterlodge, in die man heiße Steine befördern kann und sie damit erwärmt. Es ist klar, dass wir in keine der Winterlodges alleine als Familie einziehen dürfen und es ist erklärtes Ziel, dass die Familie sich aufdröselt.

Nach diesem Gespräch ist für meine Partnerin klar, dass sie gehen wird. Die Situation ist also gegenwärtig. Einer von uns bricht das Programm ab.

Gefühlsachterbahn

Für mich beginnt hier ein Auf und Ab meiner Gefühle. In all den Monaten, in denen wir hier sind, verfolgt mich immer derselbe Traum: Aus einem Schlaf wache ich auf und bin auf einmal weg vom Yearlong, ohne die geringste Ahnung zu haben, wie ich dahin gekommen bin. Völlig verzweifelt und aufgelöst weine und weine ich darüber. Ich wollte nicht weg und bin es doch irgendwie.

Das Yearlong ist für mich ein riesen Traum und eine Herausforderung, die ich mir selbst stellen wollte, die größte selbstgestellte Herausforderung meines bisherigen Lebens. Durch die Entscheidung meiner Partnerin komme ich in einen großen Gewissenskonflikt. Wenn ich mit ihr gehe, würde ich mich dann selbst verleugnen, meinen Traum wegwerfen und vor allem die mir gestellte Herausforderung nicht erreichen? Bin ich dann ein Versager vor mir selbst? Wie gehe ich damit um?

Hier zu bleiben bedeutet, die Familie für fünf Monate auseinanderzureißen. Ist das wirklich so lang? Ist nicht alles relativ? Wir haben zusammen begonnen und ist es nicht fair, es auch zusammen zu beenden? Einer für alle, alle für einen?

Wenn ich bleiben würde, wäre das Schlimmste für mich, unseren jüngsten Sohn so lange nicht mehr zu sehen. Gerade in diesem Alter verändern sie sich noch so stark und ich habe Angst, zu viel zu verpassen. Ich sitze zwischen den Stühlen und werde innerlich zerrissen.

Es scheint hier kein „win-win“ geben zu können.

Würde meine Partnerin bleiben, wäre sie unglücklich und ich somit auch. Sie hat schon über ihre Maßen durchgehalten und ausgeharrt. In dem Moment, in dem sie entscheidet zu gehen, ist ihr klar, was sie mir damit antut. Sie kann jedoch nicht anders. Sie muss sich selbst treu bleiben.

Viele Yearlonger, die abbrechen, bereuen es und kommen irgendwann wieder, um das, was sie begonnen haben, zu Ende zu führen. Werde ich daran zerbrechen? Eine von denen sein, die es das ganze Leben lang bereut? Um mich herum scheint alles im Nebel zu liegen und ich kann nicht mehr klar denken. Immer wieder erreichen Gedankenfetzen mein Bewusstsein wie: „Du selbst entscheidest, ob das hier ein Versagen ist oder nicht. Du selbst entscheidest, ob Du nun unglücklich und verbittert wirst oder nicht. Du alleine entscheidest, was du daraus machst“.

Irgendwann ist mir klar, was ich tun muss, wo meine Priorität liegt. Ich entscheide mich für meine Familie! Sie sind mit mir hier her gekommen und wir werden gemeinsam gehen.

Wir geben im Clan bekannt, dass wir am nächsten Tag gehen werden. Die meisten erscheinen erleichtert. Wie es mir scheint, sind nur drei Clanfrauen die einzigen, die ehrlich betroffen sind.

Mit dieser Entscheidung schlüpfen wir in die Schlafsäcke. Die Kinder scheinen sehr traurig über die Entwicklung. Vermutlich wären manche von ihnen mit mir hier geblieben, wenn ich mich dazu entschlossen hätte, nicht abzubrechen.

Und so packen wir unsere Sachen und der Clan hilft uns, alles zum Auto zu bringen. Jeder vom Clan verabschiedet sich von uns. Nur der Guide selbst und seine Frau finden den Weg nicht mehr zu uns. Wir haben ein halbes Jahr gemeinsam gelebt und sind auf irgendeine Weise zusammen gewachsen. Ich kann diese Reaktion nicht nachvollziehen. Es hat mir jedoch ihre Position und ihre innere Haltung uns Andersartigen gegenüber bestätigt.

Als alles gepackt ist, ziehen wir als kleiner Familienclan los und lassen den großen Clan hinter uns. An einer Kreuzung im Wald, an der das Wintercamp errichtet wird, arbeiten zu dieser Zeit einige vom Clan. Ich laufe symbolisch als letzte in der Reihe und jaule zum letzten Mal meinen Wolfsruf. Mit diesem Ruf haben wir uns immer gegenseitig zu den Mahlzeiten oder Meetings gerufen. Der Clan jault zurück. Es war ein Weinen auf beiden Seiten und auch ein Lächeln auf beiden Seiten. Hier und bei uns wird das Leben weitergehen.

Die Sonne scheint, als wir durch den schillernd gelben Wald laufen und all die vielen Plätze der Erinnerungen ein letztes Mal sehen.

Im Basislager angekommen nutzen wir den Rest des Tageslichts, um unsere Sachen zu packen und unseren Flug umzubuchen. Wir bekommen einen zeitnahen Rückflug und werden bereits am nächsten Tag Teaching Drum verlassen.

Wieder in der Zivilisation

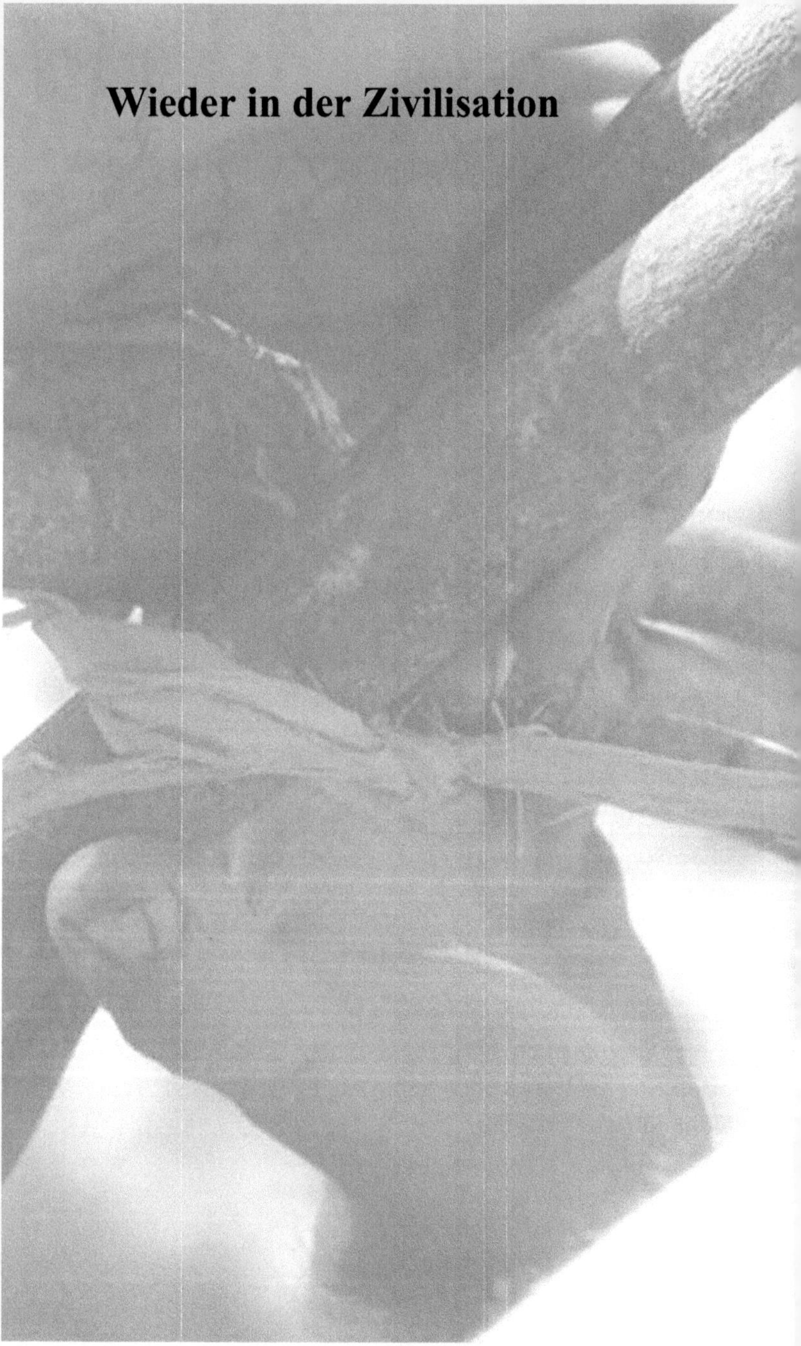

Mit dem Mietauto geht es in Richtung Flughafen. Ich steige nach einem halben Jahr zum ersten Mal wieder in ein Auto und es ist, als wenn ich erst gestern das letzte Mal gefahren wäre und doch ist es auch völlig fremd. Ich fühle mich von der Natur ausgegrenzt und wie unter einer Glasglocke, denn ich spüre weder die Geschwindigkeit auf meiner Haut noch höre ich die Geräusche von draußen, da die Fenster geschlossen sind. Es ist ein seltsames Gefühl.

Wir halten an einem Biosupermarkt und ich gehe einkaufen. Völlig überwältigt von all dem, was es da zu kaufen gibt, kommen mir die Tränen. Es ist nicht zu beschreiben, was in mir vorgeht, als ich all die Angebote sehe. Ich fühle mich völlig überfordert und überwältigt.

Im Hotel angekommen steigen wir erst einmal alle in die Badewanne. Ich bin alleine im Bad und schaue mir zum ersten Mal nach einem halben Jahr in die Augen. Wer bin ich in der Zwischenzeit geworden? Ich merke wie ich gnädig zu mir selbst werde. Es spielt keine Rolle, wie viele Monate ich in der Wildnis war, ob sechs Monate oder elf Monate. Wichtig ist die Erfahrung, die ich in meinem Herzen mitnehmen werde. Und ob ich zulassen werde, dass diese Erfahrung mein weiteres Leben prägt. Ich schaue in das Gesicht einer Frau, die sich selbst treu geblieben ist, sich selbst lieben und annehmen kann, egal in welcher Situation. Ich sehe eine Frau, die zwanzig Kilogramm abgenommen hat. Wenn man normalerweise abnimmt, sieht man das in Teilschritten. Hier nun sehe ich meine Veränderung von null auf hundert und bin dankbar, dass ich all meine überflüssigen Pfunde in der Wildnis gelassen habe und steige in die Badewanne mit heißem Wasser. All der Dreck der letzten Monate wird eingeweicht. Äußerlich kann ich das Yearlong abwaschen. Innerlich werde ich es mir in meinem Herzen bewahren. Wir werden dieses Erlebnis als Familie in uns tragen. Diese gemeinsame Erfahrung wird uns verbinden.

Mir ist bewusst, dass ich all die mir wichtigen Erfahrungen gemacht habe, all die Dinge, die ich lernen wollte, gelernt habe. Ich habe eine Wildnislehrerausbildung durch das Leben in der Wildnis erhalten.

Das Thema „Co-Abhängigkeit" ist etwas, was ich mitnehmen werde. Und auch die Themen „Opfer- Täter-Rolle" und „Traumdeutung" sind Dinge, die ich in mein Leben integriere.

Am nächsten Tag geht es zurück nach Deutschland, wo wir vier Monate in einer Großstadt in einer kleinen Wohnung leben, bevor wir dann wieder nach Portugal in unser Paradies fahren.

Epilog

Ich habe zum Clan während des restlichen Yearlongs immer wieder Kontakt zu einzelnen bei ihren monatlichen Besuchen im Basislager. Dadurch bekomme ich von verschiedenen Clanleuten mit, was sich im Clan nach unserem Weggang ereignet.

Zwei Clanfrauen werden aus der Gruppe verbannt und verlassen den Clan. Eine der beiden kommt jedoch zurück und bleibt bis zum Schluss. Verbannung ist ein gängiges Mittel innerhalb des Clans, sich von Menschen zu trennen, die für den Clan untragbar sind und eine Gefährdung darstellen. Wir wären mit Sicherheit auch verbannt worden, wenn wir geblieben wären. Nur die, die sich anpassen und gleichtakten, können dort bestehen. Wir gehören nicht dazu. Wir sind zu individuell und zu freiheitsliebend. Mein Verhältnis zum Thema Verbannung ist sehr zwiegespalten. Wenn das Handeln eines Menschen tatsächlich eine Gefahr für den Clan darstellt, kann ich verstehen, dass man aus Selbstschutz diesen Menschen ausschließt. Doch ich glaube, keine dieser beiden Clanfrauen stellte eine ernsthafte Bedrohung für den Clan dar.

Irgendwann eskaliert es im Clan und es kommt sogar zu einem Handgemenge, das mit körperlicher Gewalt einhergeht. Selbst nach Monaten der inneren Arbeit, Charakterschulung und Reflektion schafft es der Clan nicht, in Liebe und Frieden miteinander umzugehen.

Menschen sind einfach nur Menschen und das überall auf der Welt. Diese Gruppe, dieser Clan ist nur ein Abklatsch der größeren Gesellschaft. Im Großen wie auch im Kleinen gibt es Angst vor Andersartigkeit, Rassismus und eine daraus entstehende Aussondierung. In jeder Gesellschaftsform gibt es die, die am Rand stehen, entweder weil sie es selbst so wollen oder weil sie nicht passen und zu unbequem sind.

Mir ist bewusst, dass nur eines die Menschen verändert und nur unter dieser Grundvoraussetzung ein gemeinsames Leben möglich ist. LIEBE.

So vieles, was in diesen sechs Monaten geschehen ist, stand nicht unter dieser Liebe, die bedingungslos einfach nur liebt und keinen Platz lässt für destruktive Angst.

In einer Familie, in unserer Familie konnten und können wir das leben. Dort im Clan ist es uns jedoch nicht gelungen.

Der Blick in den Rückspiegel

Während ich die letzten Zeilen dieses Buches schreibe, sitze ich in Portugal in meinem kleinen Bauwagen, in dem ich lebe. Das fertige Manuskript hatte ich einige Monate nicht mehr angesehen, um Abstand zu gewinnen und etwas losgelöster in den Rückspiegel schauen zu können.

Als ich all die Erlebnisse erneut durchgelesen habe, bin ich nochmal neu eingetaucht in das Yearlong und habe die einzelnen Stationen ein weiteres Mal intensiv durchlebt.

Zwischendurch kommt meine ältere Tochter und fragt mich, wo der Akkuschrauber ist. Dann erzählt mir meine jüngere Tochter etwas, was sie auf dem Herzen hat und schließlich kommen die beiden kleinen Jungs, um mir zu zeigen, mit welcher Geschwindigkeit sie den Berg mit ihren Laufrädern herunterbrettern können. Im Hintergrund spielt unsere jüngste Tochter auf dem Klavier und unsere ältere krault den Hund, während meine Partnerin im Garten buddelt.

Ich liebe mein Leben. Meinen ureigenen Familienzirkus, den ich mir gewählt habe, der mein Leben ist und der viel zu schnell vorbei sein wird.

Heute schon lebt mein ältester Sohn bei seinem Vater und wir sind einer weniger an Bord. Ich will die Zeit genießen mit meinen Kindern und daher habe ich die Entscheidung, aus dem Yearlong zu gehen, nicht bereut.

Interessanter Weise würden alle unsere Kinder das Yearlong trotz all der Entbehrungen nochmal machen. Immer wieder sind das Yearlong und unsere Erlebnisse dort Thema in unseren Familienrunden. Wir haben sehr viel über Menschen gelernt und an Erfahrung mitgenommen.

Als wir wieder in Portugal ankamen, fragte mich jemand, ob wir denn etwas von dem Yearlong in unseren Alltag übernommen hätten und sie gab auch gleich die Antwort: „Ich glaube nicht, oder? Ihr lebt doch schon sehr naturnah und primitiv da in Portugal auf eurem Grundstück“.

Und sie hat Recht. Wir haben kaum etwas geändert, als wir ins Yearlong einstiegen. Auch hier wissen wir kaum, welchen Tag oder welches Datum wir haben und eine Uhr haben wir schon lange nicht mehr. Wir trinken Quellwasser, leben ein einfaches Leben ohne viel Luxus und versuchen soweit es geht, autark von der Zivilisation zu werden, immer mehr.

Interessanter Weise muss ich hier in der Zivilisation nicht um meinen Lebensstil kämpfen. Hier bin ich akzeptiert als ein „Öko Mensch“ und sie lassen mich mehr oder weniger so leben, wie ich will. Bei Teaching Drum war dies leider nicht möglich. Hier wurde ständig versucht, uns zu verbiegen.

Dort war kein Platz für alle, es wurde zu einem Ort gemacht, an dem aussondiert wurde und Individualität keinen Raum hatte.

Vielleicht sind wir Menschen so? Vielleicht haben wir Angst vor Andersartigkeit und wir fühlen uns nur sicher, wenn eine gewisse Gleichtaktung besteht?

Immer wieder reflektiere ich mich selbst, während ich dieses Buch hier lese und manche Dinge würde ich heute anders machen, obwohl ich nichts bereue. Auch wenn das vielleicht als Widerspruch erscheint.

Viele Prozesse habe ich an mir vorrübergehen lassen, bin ihnen ausgewichen, anstatt sie als Chance zu begreifen. In einigen Bereichen empfinde ich mich heute im Rückblick als unflexibel, eingefahren, verkrampft, unfrei und gesetzlich. Und doch kann ich mich lieben und anerkennen, wie ich damals war und heute bin. Ich bin auf meinem Lebensweg und wachse täglich. Ich gestehe mir mein eigenes Entwicklungstempo zu.

Wir sollten alle als leere Gefäße ins Yearlong kommen. Ich glaube, keiner von uns war es. Alle, die Fleisch gegessen haben und die es so schlimm fanden, dass wir es nicht aßen, waren nicht leer. Sie hatten eine Erwartung. Auch wir hatten welche. Ich hatte die Erwartung, dass wir einander annehmen, akzeptieren und lieben würden, wie wir sind, nämlich bunt.

Nun ist das Yearlong beendet und alle sind wir in die verschiedenen Windrichtungen geweht. Alle dürfen wieder ihr buntes Gefieder herausholen. Ich wünsche Euch von Herzen einen guten Flug!

Jeglicher Inhalt ist meine persönliche Sicht und mein Erleben, mein „Truthspeaking“.

Zum Abschluss möchte ich nochmals meinen tiefen Respekt gegenüber dem Leiter von Teaching Drum und den Guides aussprechen. Es ist kein einfacher Job, Menschen an ihre Grenzen zu bringen, um sie herauszufordern innerlich zu wachsen. Lehrer für Menschen zu sein, die manchmal vergessen, dass sie Schüler sein wollen.

Aho

Für weitere Informationen:

1. Unsere Familiewebsite:
   http://wildnisfamilie.net/

2. Der Blog zum Familyyearlong:
   http://teachingdrum.org/familyyearlong/

Das Leben ist Veränderung